中央高校基本科研业务费专项资金资助（2023FR005）
国家社科基金一般项目资金资助（23BGL308）

华北电力大学
NORTH CHINA ELECTRIC POWER UNIVERSITY

哲学社会科学繁荣计划专项
哲学社会科学文库

中国式现代化
开启电力改革新征程

A New Journey in Electricity Reform Initiated by Chinese Modernization

王鹏 王冬容 李阳 著

ZHEJIANG UNIVERSITY PRESS
浙江大学出版社
·杭州·

图书在版编目(CIP)数据

中国式现代化开启电力改革新征程 / 王鹏，王冬容，李阳著. —杭州 ：浙江大学出版社，2023.10
ISBN 978-7-308-24306-3

Ⅰ. ①中… Ⅱ. ①王…②王…③李… Ⅲ. ①电力体制改革—研究—中国 Ⅳ. ①F426.61

中国国家版本馆 CIP 数据核字(2023)第 200813 号

中国式现代化开启电力改革新征程
ZHONGGUOSHI XIANDAIHUA KAIQI DIANLI GAIGE XIN ZHENGCHENG
王鹏　王冬容　李　阳　著

责任编辑　吴伟伟
文字编辑　葛　超
责任校对　许艺涛
封面设计　雷建军
出版发行　浙江大学出版社
　　　　　(杭州市天目山路 148 号　邮政编码 310007)
　　　　　(网址:http://www.zjupress.com)
排　　版　浙江大千时代文化传媒有限公司
印　　刷　广东虎彩云印刷有限公司绍兴分公司
开　　本　710mm×1000mm　1/16
印　　张　13.75
字　　数　172 千
版 印 次　2023 年 10 月第 1 版　2023 年 10 月第 1 次印刷
书　　号　ISBN 978-7-308-24306-3
定　　价　68.00 元

序　言

最近一个时期，国外很多政治家、经济学家预言，印度、越南将取代中国制造业大国地位。随着不少中国订单流失，一些中企、外企迁址海外，南亚、东南亚赶超中国似乎就在眼前，由此引起的焦虑情绪也在国内蔓延。真的是这样吗？在得出这些结论时，专家们往往从人口结构、市场规模、国际政治等方面进行论证，但普遍忽略了一个制造业发展关键决定因素，那就是电力。

是的，任何一个发展中国家在现代化进程中，都离不开充足可靠的电力保障。我国发电装机规模世界第一，每年人均用电超过 6000 千瓦时，这是一个与制造业大国相称的电力消费水平。相比之下，印度每年人均用电约 800 千瓦时，相当于我国 1994 年、1995 年的水平，越南约 2300 千瓦时，相当于我国 2006 年、2007 年的水平。最近有报道反映，从中国转到东南亚的投资者饱受缺电之苦。那些所谓的中国制造业替代国要打破电力瓶颈制约还有很长的路要走。

当然，我们也不必为此沾沾自喜。未来我国发展的目标是建成社会主义现代化强国。现代化对我们而言不是完成时，而是进行时。虽然我国电力技术和电力装机都达到了世界领先水平，但也要看到，OECD 国家人均年用电量 9000 千瓦时左右，约是我国的 1.5 倍；美国人均年用电量 12000 多千瓦时，更是高出我国 1 倍多。我国要实现高质量发展，固然不必在人均用电量上刻意赶超发达国家，但这种差距也在某种程度上反映了生产力水平的差距。

如何保持我国电力供应优势并不断发展壮大，如何实现电力资源的最优配置，如何在资源、环境等各种约束条件下促进电力高质量发展，这是实现中国式现代化必须回答的问题。华北电力大学王鹏教授等专家撰写的《中国式现代化开启电力改革新征程》在这些方面进行了大量有益的探索。书中对电力领域的突出问题——电力供求矛盾着墨较多，这也是我和王鹏同志长期共同关注、携手研究的热点。

2020年12月，我国局部地区出现停限电，我和王鹏同赴浙江、湖南考察。浙江省为落实“十三五”能耗“双控”和煤炭总量控制指标，人为采取限电措施“冲时点”，造成制度性缺电。湖南省由于工业生产恢复导致用电需求快速上升，而在这之前几年的新增装机以光伏为主，受极端气候影响出力不足导致硬缺电。两省缺电的原因不同，但都具有典型性、苗头性，集中反映了我国能源指标管理、电源结构调整、电力区域平衡、电力交易机制中存在的问题。当时我们在研究报告中预警，如不采取有力措施，有可能使电力供需矛盾在全国进一步蔓延，对近期和中长期经济增长形成制约。

此言不幸言中，2021年入夏之后，除浙江、湖南外，全国很多省份用电需求趋旺，负荷屡创新高，很多地方采取了拉闸限电、错避峰措施。9月初，我们又以广西为样本进行了调研。我们注意到，我国电力市场是在供大于求的条件下逐步建设起来的，这一轮供求矛盾是电力市场首次面对供不应求的挑战。调研中发现，各地在面对电力供求矛盾的新特征时，不是发挥电力市场的作用，利用价格机制调节供求关系，而是迅速沿用传统的计划手段，以有序用电的名义，人为对电力资源进行分配。可以说出现了一次市场规则与计划规则的“硬叠加”。这种做法降低了电力资源交易和调度的效率，加剧了电力供求矛盾。

2021年9月中下旬，煤电矛盾已十分突出，电煤价高量缺，火电大面积亏损，各地同时出现“煤荒”“电荒”。当时我邀请了一些专家对此开展研究，王鹏同志是其中的骨干力量。我们整理了各地的电力供求情况，认为与以往几轮煤电矛盾以供给约束为主不同，这一轮出现了“煤—电”产业链供给需求双约束。其影响不仅限于能源领域，而是扩大到经济发展全局，包括打击投资者信心、破坏产业链稳定、加剧地方经济困难等。

这一轮煤电矛盾的成因主要是多重行政规制加剧了限电缺电。在电煤生产环节，有关部门对煤矿产能核定的限制，产煤省份对煤炭生产和出省的控制，造成了电煤供应不足，促进了煤价上涨。在电力购销环节，长协市场、现货市场受行政干预较多，没有形成靠价格调节供求关系的市场机制。在电力需求环节，地方政府为完成多重政策目标，如节能减排、环保整治、控制“两高”项目、落实“双碳”目标、落实能耗双控目标等，加大了有序用电和限能停产的力度，与业已存在的煤电矛盾相叠加，形成了本轮波及面大、后果严重的缺电局面。

针对导致问题的这些原因，我们认为，如果仅仅将工作重心放在煤炭、电力的生产调度上，很难化解煤电矛盾。打破煤电供给和需求双约束，关键是取消和修改在煤炭电力的生产、流通、消费中不合理不合法的行政规制，从挖掘存量、扩大增量入手，增加供给、平抑价格、缓解供求矛盾。当时提出的政策建议包括：放宽和取消煤炭产能控制措施，允许其按设计产能满负荷生产，取消各地没有法规依据的“煤管票”。扩大电力市场交易范围，包括全面推开现货交易、放开电力长协交易价格、扩大电力交易规模。明确有序用电只是用于应对电力供应出现硬缺口的应急措施，不作为常态化调控手段用于实现其他政策目标。在没有法律法规依据的情况下，不采用行政办法要求正常营运的企业限能限产。建议中特别提出，有关部门不再对能耗“双控”目标进行季度、半年、年度排名预警，不再逐级分解下达涉及能源、产能的预期性指标。这些政策建议提出得比较及时，应当说对当时出台一系列缓解煤电矛盾的政策措施发挥了积极作用。

当然，电力发展中存在的问题不止于供求矛盾，还包括工商企业用电负担沉重，新能源、可再生能源发展受到制约，电力普遍服务不到位，等等。本书对这些问题都有涉及。本书认为，电力市场化改革迟滞、电力市场机制缺位是造成电力领域诸多问题的深层次原因，通过建立独立规范运行的电力交易机构、加快多层级的现代电力市场建设、慎用管制措施干预电力市场主体行为是解决的根本之道。书中阐述了对能源发展观、新型电力系统的理解，就电力交易独立、输配分开、电力系统容量保障机制建设、发展虚拟电厂、综合能源服务等方面提出了构想。本书不掩饰矛盾、不回避争议，观点鲜明、系统全面，在以往业界认识的基础上又有所突破，是电力系统研究中一本难得的佳作。

对能源问题的研究一般来说有两个主要方向，一是能源技术，二是能源体制。长期以来，我国从事能源研究的高校和研究机构较多地把精力放在能源技术的研究上，对能源体制的研究一直是短板。能源毕竟是一种稀缺资源，采用先进技术有助于实现量的增长和效率的提高，但要解决资源合理配置问题，还有赖于完善的市场机制和良好的公共政策。王鹏同志曾任职于电力监管和能源主管部门，在高校从教后又长期从事能源战略和政策的研究，并深度参与我国电力体制改革和多项政策的制定，在以“硬科学”著称的院校结出了很多“软科学”硕果。在这里我谨祝贺新书的出版，也希望其中的建设性意见对能源主管部门制定相关政策和深化改革发挥参考作用。

范　必

2023 年 7 月 15 日

目　录

引　言　实现中国式现代化必须深化电力体制改革

电力行业是关系到国家安全、经济发展和社会稳定的基础行业。改革开放以来，面对电力供应短缺局面，“集资办电”等改革手段吸引了各类资本投资建设电厂，到20世纪90年代中后期电力装机规模赶上了经济社会对电力的需求。进入21世纪，面对电力行业充斥计划思维、效率低下的局面，“厂网分开、竞价上网”等改革手段将发电主体推向市场，极大地激发了市场活力，电力系统的整体效率得到提高。党的十八大以来，在“四个革命、一个合作”能源安全新战略指引下，为进一步推动电力行业全链条地提升效率，“管住中间、放开两头”的体制架构改变了电网企业传统的盈利模式，将电力市场化改革进一步引向深入。

回顾既往，正是因为敢于面对新矛盾新挑战，冲破思想观念束缚，突破利益固化藩篱，加强改革顶层设计，电力行业基础性制度框架才得以基本建立，电力系统才得以系统性重塑、整体性重构。

党的二十大报告宣示：从现在起，中国共产党的中心任务就是团结带领全国各族人民全面建成社会主义现代化强国、实现第二个百年奋斗目标，以中国式现代化全面推进中华民族伟大复兴。中国式现代化是人与自然和谐共生的现代化，为此要推进美丽中国建设，坚持山水林田湖草沙一体化保护和系统治理，统筹产业结构调整、污染治理、生态保护、应对气候变化，协同推进降碳、减污、扩绿、增长，推进生态优先、节约集约、绿色低碳发展。党的二十大报告强调，积极稳妥推进碳达峰碳中和，深入推进能源革命，加快规划建设新型能源体系，加强能源产供储销体系建设，确保能源安全。

实现中国式现代化，必须坚持深化改革开放。深入推进改革创新，坚定不移扩大开放，着力破解深层次体制机制障碍，不断彰显中国特色社会主义制度优势，不断增强社会主义现代化建设的动力和活力，把我国制度优势更好转化为国家治理效能。

电力体制改革自 2015 年以来在市场化方面取得了进一步的成果，但与新时代新征程的要求仍有较大差距。如何破除利益痼疾，聚焦面向碳达峰碳中和目标的能源清洁低碳转型，积极调整生产关系，激发市场活力；如何注重先立后破、确保国家能源安全，瞄准实现能源电力体系资源优化配置和治理体系治理能力现代化，是新时代实现中国式现代化迫切需要回答的问题。

新征程上，需要对新矛盾和老问题进行系统性审视，需要全社会凝聚电力改革新共识。

深化电力体制改革需要更加准确地把握和重塑政府与市场的关系，更好地加强产业政策与竞争政策的协同。竞争政策的重点在于保护市场、依法依规、过程导向；产业政策在直接参与资源配置过程中，强调目标导向，易于导致市场主体之间不公平竞争、滥用行政权力排除限制竞争等问题。2022 年以来电力现货交易试点成效初显，充分展现了市场在电力行业资源配置中的价值。我国电力行业多年实施计划体制，产业政策先于竞争政策发挥作用，产业政策对竞争政策约束较多。只有不断深化体制改革，不断调整优化政府与市场的关系，打破地方保护和市场分割，促进商品要素资源在更大范围内畅通流动，加快建设高效规范、公平竞争、充分开放的全国统一电力大市场的目标才能实现。

深化电力体制改革才能推动电力行业高水平创新。新征程中，我们期待出现的创新实在太多。对于新型电力系统而言，天气与发电预测无疑将成为最重要的一环，因为无论是发电端还是售电端，甚至电网调度端都需要预测来作为模型依据。电价预测也是新兴的创新点。2015 年，德国唯一的电价分析和交易体制设计公司 EBP 发布白皮书，预测电价演变趋势，对交易商形成导向作用；电价预测需要更多的类似 ChatGPT 这样的人工智能技术推动，值得无数年轻人为之投入。售电端的创新服务更是巨大的创新源。电价套餐制定程序、客户关系管理数据库、消费者用电行为分析，甚至是电费套餐搜索引擎和电站投资金融产品，这些都会如雨后春笋般冒出并左右电力市场的交易情况。

新征程上，秉持改革共识，彰显制度优势，着力破解电力行业深层次体制机制障碍，支撑中国式现代化发展的新型电力系统的美好图景，方能实现。

第一章　能源转型与能源独立

第一节　“十四五”时期能源发展要观大势谋大局

近年来，我国高度重视能源事业，通过颁布法律法规、制定中长期规划、出台产业和财税政策、实施体制机制改革等多种举措，推动能源行业的快速发展。目前我国已经成为能源消费和能源生产第一大国，能源事业又迈上了一个大台阶。在与多位专家讨论的基础上，我们对“十四五”时期能源发展形成以下十点认识。

一、“十四五”时期能源发展面临大变化、迎来新使命

外部环境的重大变化：一是受多种非正常因素影响，全球经济发展不确定性增强；二是全球应对气候变化从扩大共识走向实际行动，我国将遭遇前所未有的压力；三是国际能源体系、格局、秩序面临重塑；四是数字经济促进跨界融合发展，能源科技进步将迎来重大机遇。

新冠疫情加速了全球能源系统、格局、秩序重构，促进全球能源消费增速进一步放缓、能源结构调整进一步加速。应对百年未有之大变

局，我国要以实现能源独立为长远目标，首先要完善能源应急预案，处理好能源安全、生态、经济之间的关系。

中国特色社会主义进入新时代，我国社会主要矛盾已经从“人民日益增长的物质文化需要同落后的社会生产之间的矛盾”，转变为“人民日益增长的美好生活需要和不平衡不充分的发展之间的矛盾”。“十四五”能源发展，必须满足美好生活的需要，必须注重解决不平衡不充分的问题。

如果说清洁、安全、高效是能源发展的“历史使命”的话，那么面对大气污染防治和应对气候变化的外部压力，能源必须继续加快转型，低碳必然成为能源发展的“新使命”。这就需要将清洁能源和可再生能源作为能源发展的新动力来构建。

能源条块分割、以邻为壑、僵化的管控模式，阻碍了能源消费的多样化和选择性，压制了新的生产力发展和技术创新，推动多能源产品及服务的融合发展也是能源发展的“新使命”。

“十四五”时期应继续突出体现能源商品属性的市场化改革“未竟使命”和以能源法为统领的法治“新使命”。面对“十四五”时期能源消费增长减速，以能源的低成本支撑经济的稳增长将成为政府赋予的“新”使命，这就需要在坚持能源的商品属性的同时，兼顾能源的公共品属性。

二、2025 年能源需求总量在 54 亿—55 亿吨标准煤

分析“八五”以来 30 年的 GDP 增速与能源五年、十年分阶段弹性系数（见图 1-1），可看到，当经济增速处于逐步上升阶段，弹性系数比较大；当经济增速处于逐步下降阶段，弹性系数比较小。由此推论，“十四五”时期能源（煤炭、石油、天然气、电力）消费弹性系数总体将呈下降趋势。综合专家经验，预计能源消费弹性系数将进一步降至 0.4

以下;煤炭消费弹性系数不会超过 0.1;石油消费弹性系数降至 0.4—0.5;天然气弹性系数保持在 1.2—1.5;电力消费弹性系数下降到 0.8 以下。

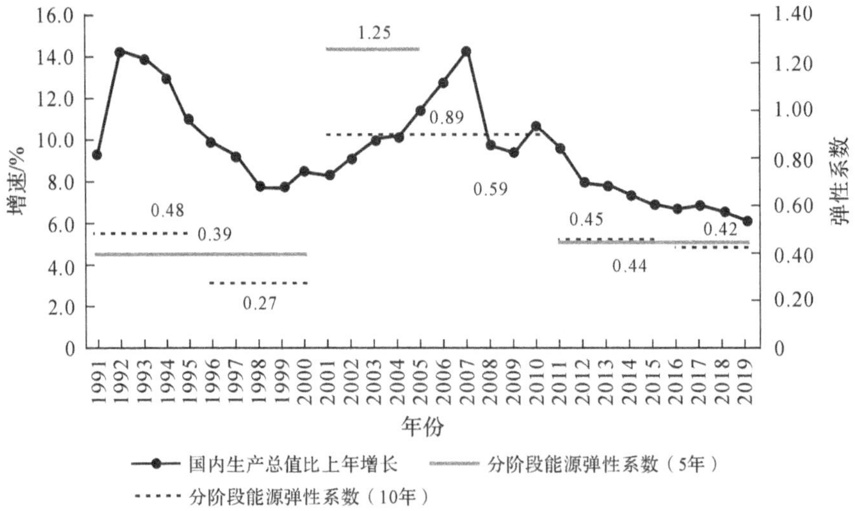

图 1-1 "八五"以来 30 年能源消费弹性系数(分段)

综合考虑未来中国经济增长态势、科技发展水平和能源需求发展趋势,GDP 按照 2020 年 0%—3%、"十四五"时期平均 5.5%考虑,计及发展惯性,能源消费弹性系数按照 2020 年 0.50、"十四五"时期 0.40 考虑,测算 2025 年一次能源消费需求为 54 亿—55 亿吨标准煤。

以上判断与国际能源署(IEA)、石油输出国组织(OPEC)、美国能源信息署(EIA)、日本能源经济研究所(IEEJ)、英国石油公司(BP)、埃克森美孚等国际机构和企业,以及国务院发展研究中心、中国社会科学院、中国石油经济技术研究院、国网能源研究院、电规总院的预判总体相符。

三、2025 年能源需求的增量可以依靠可再生能源

煤炭方面。"十四五"时期一定规模的煤电上马已经不可避免,但

煤电在电力系统中的辅助服务角色更加清晰，总的煤炭需求会有所降低。其他主要领域，钢铁行业已经进入平台期，“十四五”时期需求增速不会超过2%；建材行业仍会中低速增长；煤化工进入高质量发展阶段；通过产业结构优化和技术进步，上述工业用煤总量会持平或略微减少。“十四五”期间应基本完成清洁供暖替代散烧煤。综合看，“十四五”时期煤炭需求进入峰值平台期，保持2019年的28亿吨标准煤，2025年后快速下降。

油气方面。石油需求将于2030年前达峰，为7.05亿吨；天然气需求到2040年仍可能保持旺盛。综合看，石油“十四五”时期的需求保守估计在6.85亿吨，天然气的需求估计在4500亿立方米。

非化石能源方面。根据上述数据，按照需求总量55亿吨标准煤平衡，2025年需要非化石能源支撑能源消费总量12.3亿吨标准煤，占比22.3%。

2025年的非化石能源消费折合电能3万亿千瓦时，2019年全国非化石能源发电量2.39万亿千瓦时，两者差距6100亿千瓦时。从最近风电特别是光伏发电成本下降的趋势看，可再生能源大规模投产的趋势也不可阻挡。“十四五”时期光伏发电新增规模按3亿千瓦，风电新增规模按1.5亿千瓦，两者的年利用小时数分别按1000小时和2000小时测算，发电量为6000亿千瓦时。即使核电仍受较大的社会舆论压力影响，规模不及预期，低成本水电开发进入尾声，2025年非化石能源占比达到20%也问题不大。如果需求总量能够控制在54亿吨标准煤，则天然气需求在2019年3000亿立方米基础之上增长1500亿立方米的压力，可大大减弱。换句话说，“十四五”时期能源消费的总量部分预计基本可以依靠可再生能源的发展作为支撑。

风电、光伏等可再生能源发展受“十四五”时期规模的限制，主要在于系统的调节能力，背后是储能技术进步、经济规模以及各类主体间的利益博弈。

四、终端能源消费更加电气化

2018年我国电能占终端能源消费比重达到25.5%，终端电气化水平已基本与发达国家处于同一水平区间。国内外各机构对中国未来终端电气化比例较大幅度的提升有共识。综合各方面数据，估计2025年中国的终端电气化占比在30%左右。终端能源消费电气化比重将进一步提升，“卡脖子”主要在于政策的脱节，导致消费侧特别是各类园区的能源互联网、智慧能源系统等项目无法有效落地。

五、“十四五”时期能源结构的典型特征是多元化

煤炭是我国主体能源，过去是、现在是、未来仍是支撑我国经济社会快速发展的基础力量，“十四五”期间仍会发挥重要作用。随着非化石能源及天然气的发展，煤炭在能源结构中的比重将逐步降低。

石油是经济社会发展不可或缺的能源种类。面对国内外复杂安全形势，必须加强国际石油开发合作，增加全球供应量；必须加强国内石油勘探开发、促进增储稳产，同时支持适度发展煤制油升级示范工程，维持国内油品产量在2亿吨左右水平。

天然气是改善空气质量和应对气候变化的积极力量。应加强天然气勘查开发，推动天然气国内供应能力较快增长。同时，大力发展致密气、页岩气、煤层气等非常规天然气开发。

核能是人类已使用的清洁、可靠的能源，是保障能源安全、实现能源低碳发展的重要替代能源。必须发挥国家协调与整合功能，集中在沿海地区安全高效发展核电，同时深入研究内陆地区核电开发的可行性。

可再生能源是未来的主导能源。在做好西部风电、光电集中开发、大规模并网的同时，更大力度地推动东部分布式风电、光电的开发、海上风电的开发、生物质能的开发，使可再生能源成为“十四五”期间能源增量的主体。

“十四五”期间能源结构的典型特征是多元化。应推动煤炭等化石能源清洁高效开发利用，推动可再生能源快速增长，加快形成煤、油、气、核、新能源和可再生能源多轮驱动、协调发展的能源供应体系。

六、“十四五”时期能源发展布局要作出重大调整

能源布局要服从经济社会发展需要、服务于加快能源转型发展需要，“十四五”时期能源布局调整应重点在以下四个方面下功夫。

（一）能源供给布局多元化发展，重点突出发展可再生能源

一是稳定化石能源生产：减少煤炭，稳定石油生产，增加天然气生产，尽力扩大各类余热资源生产。二是大规模增加非化石能源生产：创造条件大力发展风电、光伏，因地制宜开发水能、生物质能，充分利用各类热泵技术开发可再生能源生产，增加沿海地区核电生产及核能利用。三是在供给方式上，从大规模、集中化、统配式、“准军事化”的能源供给方式，向分散化、分布式、供需互动、尊重选择的能源供给方式转变。

（二）能源消费布局电气化发展，重点提升电力生产效率和电气化水平

一是实施煤电“双高”（高效、高灵活性）改造行动计划，彻底改变“十三五”时期煤电灵活性改造远远低于预期的被动局面。二是以电力为中心，构建源—网—荷—储深度融合、电力—燃气—热力—储能互联互通、电力—光纤通信—车联网跨界融合的新型电力系统，提升

多种能源综合利用效率。三是大力推进电能替代。实施交通电气化行动计划，加快乘用车电动化替代步伐，扩大重载卡车、船舶等电气化应用，提高交通电气化水平。在提高综合能效的基础上，大力发展工业电能替代。在“温度对口、梯级利用”前提下，提高民用电气化水平。

（三）能源空间布局平衡发展，重点发展能源消费集中地区的分布式能源

一是改变过多依赖西部能源开发、通过远距离运输的能源产销方式，大力开发东部分布式可再生能源，大力开发海上风电，大力支持天然气 LNG 接收和储存设施建设，使得能源“远方来”与“身边来”相结合。二是在适应京津冀协同发展、粤港澳大湾区建设、长三角一体化发展的基础上，注重长江经济带发展、黄河流域生态保护和高质量发展等空间跨度大的区域经济协同发展战略需要，研究落实能源匹配新模式。

（四）能源转型时间布局紧凑化安排，“十四五”末期完成我国对国际社会承诺的 2030 年目标

一是大幅度减少温室气体排放，2030 年左右二氧化碳排放达到峰值且将努力早日达峰的目标，力争在 2025 年实现。二是大幅度提升可再生能源的比重，2030 年非化石能源占一次能源消费比例提高到 20%左右的目标，力争在 2025 年实现。三是大幅度降低碳排放强度，以 2005 年为基准年、2030 年下降 60%—65%的目标，力争在 2025 年实现。

七、加快能源供给革命

推动“十四五”时期能源供给革命，核心是做好能源存量部分的结构布局调整，强化增量部分发展质量。

（一）增加清洁能源生产，提高能源供给能力

相应的标志性成果是能源自给率达到82%以上。之前发布的《能源发展“十三五”规划》要求，到2020年能源自给率保持在80%以上。《能源生产和消费革命战略（2016—2030）》强调2030年能源自给能力保持在较高水平。2015—2019年的五年，我国能源自给率分别为84.2%、79.4%、79.95%、81.3%和81.7%。“十四五”期间能源自给率应该稳步提升，达到82%以上，“十四五”时期末最好能回升到2015年84%的水平。按照之前的估算，2025年石油产能缺口5亿吨，天然气缺口2100亿立方米，能源自给率82%。

（二）大力发展非化石可再生能源

相应的标志性成果是非化石能源占比达20%左右。“十四五”时期末，非化石能源电力增量满足电力增量需要。

（三）加快数字化技术的应用，提升能源供给水平

相应的标志性成果是80%以上的煤矿建成智能化煤矿，供电煤耗降到300克标煤/千瓦时以下。2020年发改委印发的《关于加快煤矿智能化发展的指导意见》，提出的目标是到2025年大型煤矿和灾害严重煤矿基本实现智能化。2015年燃煤电厂的供电煤耗为318克标煤/千瓦时，2019年为307克/千瓦时。虽然实施煤电灵活性改造会带来煤耗上升，但通过对电厂节能改造特别是对亚临界机组的“升温”改造，300克/千瓦时的目标可以实现。

（四）加强天然气储备设施建设

相应的标志性成果是天然气储备设施能力达到年消费量的10%以上。2019年我国储气能力约190亿立方米，占天然气消费量的6%左右，工作气量约95亿立方米。地下储气库工作气量占天然气消费量国际平均水平的12%—15%。《天然气发展“十三五”发展规划》提

出的地下储气库工作气量为148亿立方米。发改委2018年《关于加快储气设施建设和完善储气调峰辅助服务市场机制的意见》就要求，到2020年供气企业拥有不低于其年合同销售量10%的储气能力。

（五）加快虚拟电厂建设，挖掘需求侧的调峰潜力

相应的标志性成果是煤电装机规模达峰并开始逐步下降。“十四五”期间电量的增加不需要煤电贡献，当前继续投产煤电的主要理由是应对不断拉大的电力峰谷差和风电光伏发电出力的不确定性。据华北电力大学国家能源发展战略研究院课题组估算，有效聚合现有的分散资源，发展虚拟电厂，潜力相当于建设140台百万千瓦煤电机组，努力挖掘需求侧潜力能够满足“十四五”期间电力负荷增长和削峰填谷的需要。

（六）推动分布式能源、能源系统集成智能化发展

相应的标志性成果是各地及各类园区能源自给率成为自主对外承诺指标。伴随可再生能源成本的降低和民众意识提高，一些园区表达了打造局域电网、微电网等通过分布式能源实现能源部分自给的强烈意愿。

（七）加快农村能源系统化、商业化发展

相应的标志性成果是基本形成城乡能源供给一体化体系。

八、加快能源消费革命

推动“十四五”期间能源消费革命，核心是用好市场和政府“两只手”，做好消费总量、消费强度、消费结构等方面的工作，实现用能成本的降低和用户满意度的提升。

（一）完善能源消费总量和强度“双控”制度

能源“双控”是落实我国“环境保护”与“节能优先”两大基本国策、

推动能源转型和应对气候变化的重要抓手。“十一五”以来，尽管在实操层面部分地区层层下指标，一定程度上影响了地方经济发展，但总体效果良好。2019 年底，习近平总书记在《求是》杂志上撰文谈及“能源双控”时的主基调也是能源消费总量和强度“双控”制度对节约能源资源、打好污染防治攻坚战发挥了积极作用。① “十四五”时期末标志性成果是：单位 GDP 能耗降低到 0.5 吨/万元（按 2015 年价格测算的 2015—2019 年万元 GDP 能耗分别为 0.635、0.604、0.582、0.564 和 0.557）。

（二）强化“节能提效是第一能源”的制度安排

中国对节能提效工作的重视度较高，IEA 发布的 2018 年《能效分析与展望 2040》分析认为，假设中国没有从 2000 年以来持续开展能效提升工作，其在 2017 年将会多消耗 12%的能源。《中国能效 2018》指出，从全球范围来看，虽然中国的能源消费强度下降较为明显，但是工业部门特别是高耗能行业很多产品的单位产品能耗水平与国际先进水平相比，仍有 10%—30%的差距。工业节能依然存在较大潜力，是中国节能工作的重中之重。

能效提升要高度注重区域、产业、行业间的协同，瞄准全局性的用能优化、挖掘整体性的节能潜力、提高总体能源利用效率，强调工业、建筑、交通和能源跨领域的深度耦合和系统优化。未来要高度关注和力推区域能源系统（区域综合智慧能源系统）。园区是现代经济活动载体，未来全球 80%以上的 GDP、90%以上的创新都将来自园区。目前，园区能源系统各自为战，各用户之间，电力、天然气、供热、制冷等用能需求孤立分散，浪费严重。推动园区综合能源系统升级改造，既能拉动投资、大幅降低用能成本，更能推动能源革命向纵深发展。

① 习近平. 推动形成优势互补高质量发展的区域经济布局，求是，2019(24).

落实节能提效，关键是要做好制度性安排：一是全社会要牢固树立节能提效是“第一清洁低碳能源”的理念；二是各单位要形成节能提效的组织安排，要有专门机构或人员对节能提效负责；三是各行业、各领域要有“领跑者”指标，并根据实施情况不断提高标准；四是要形成节能提效奖惩机制，强化节约型社会氛围。应结合习近平生态文明思想和新发展理念，同步发布节能中长期专项规划，“十四五”时期末的标志性成果是：初步形成节能型社会雏形。

（三）推进城乡能源一体化发展，注重农村能源产销问题

农村能源发展既有潜力也有挑战，“十四五”时期应转变对农村能源漠视和缺乏顶层设计的局面，明确重构适合中国村镇特点的清洁能源生产及本地转化利用的农村能源体系。推进北方地区冬季清洁取暖，统筹能源公平与煤改气、煤改电等基础设施建设的经济效益。因地制宜加强农村可再生能源多样化开发利用，积极推进农村分布式能源发展。“十四五”时期稳定政府补贴不退坡，按照“市场化、规范化”原则探索农村能源建设长效投融资模式。“十四五”时期末标志性成果是：基本消除散煤利用。

（四）多措并举，降低石油对外依存度

遵循“分地区、分车型、分阶段”原则，逐步推行传统燃油车的禁售与退出。按照《关于进一步加强塑料污染治理的意见》，在部分地区、部分领域禁止、限制部分塑料制品的生产、销售和使用，使一次性塑料制品的消费量明显减少，替代产品得到推广。以“定标”为抓手，制定不同类型的柴油机燃油效率和污染物排放两个新标准。“十四五”时期末标志性成果是：石油对外依存度达到峰值。

（五）加快电能替代特别是交通领域电能替代

在工业生产制造领域，针对生产工艺用热量较大的各类生产制造

行业推广蓄热式工业电锅炉；在交通领域，优化主干高速公路和环渤海、长三角、粤港澳大湾区城市群城际充换电服务网络；在建筑领域，聚焦在冷热负荷需求集中的城市中心区、工业园区推广电蓄冷空调、电蓄热锅炉，逐步形成以电能消费为主体的终端用能新格局。

“十四五”时期要以电动汽车为切入点，构建交通能源融合发展体系，打通并优化能源生产和交通能源消费端的运作效率，形成自洽式、互补式、协同式的能源交通融合网络，使得能源系统和交通系统能够随需互动、共同演进。

中电联判断 2025 年电能占终端能源消费比重 29.5%。“十四五”时期末标志性成果是：电能占终端能源消费比重达到 30%。

九、加快构建“七横五纵”能源技术体系

能源生产、传输、使用、存储和转换等环节相关的器件/部件、装备/系统、工艺/集成等技术水平，仍将向参数高、容量大、体积/密度大、安全系数高、集成度高、控制更灵活更智能等方向发展，技术发展的目标是提高能源利用效率、降低能源利用综合成本。

能源涉及子领域、门类繁多，有许多技术和关键点受制于人。对于“十四五”时期乃至 2035 年的能源技术体系，可以勾勒为“七横五纵”，“七横”包括煤炭、油气、核能、可再生能源、储能与氢能、智能电网、综合能源系统，“五纵”包括应用基础研究、关键共性技术、前沿引领技术、颠覆性技术、工程示范应用（见表 1-1）。

表 1-1　中国能源技术体系

能源领域	应用基础研究	关键共性技术	前沿引领技术	颠覆性技术	工程示范应用
煤炭					
油气					

续 表

能源领域	应用基础研究	关键共性技术	前沿引领技术	颠覆性技术	工程示范应用
核能					
可再生能源					
储能与氢能					
智能电网					
综合能源系统					

各类能源技术的进步和突破越发依赖基础材料、先进制造和信息通信等基础学科和原创性技术的发展。未来能源技术发展将更加强调能源相关技术与非能源相关技术的交叉联系和创新，尤其是能源、材料、环境、信息和数据等交叉方向的基础理论研究。

能源科技进步推进机制的关键是，通过机制创新制定行之有效的政策措施，包括科研组织模式创新、科研评价机制创新、人才培养机制创新、科技金融机制创新。既要采取集中力量办大事的方式，推进重大任务的总体规划设计、任务分解和系统集成，也要重视培育和发挥各地方和广大企业、群众创新能力，形成自下而上的生态网络式创新。

鉴于能源革命的最终目标是非化石能源特别是可再生能源替代化石能源（但必须解决好风电、光电等可再生能源间歇性、不稳定性问题），因此，近期能源技术革命标志性成果，在于安全、经济的大规模储能技术取得突破；远期能源技术革命标志性成果，在于可控热核聚变技术取得突破。

十、加快能源体制革命

“十三五”时期，煤炭市场总体平稳。随着《中共中央　国务院关于进一步深化电力体制改革的若干意见》《中共中央　国务院关于深化石油天然气体制改革的若干意见》发布，电力体制改革迈出了实质性步伐，2019年全国市场化交易电量占比超过30%；油气体制改革也稳步开展，国家管网公司完成组建。能源治理方式初步实现了从项目审批为主转向战略、规划、政策、标准、监管、服务并重的重大改革。

社会各界对“十四五”时期进一步深化能源体制机制改革充满了期待。发挥市场应有作用，一是要继续培养多元竞争市场主体，具有竞争属性的生产、进口、销售等环节放开准入，能源投资领域向社会资本公平开放；二是完善能源价格形成机制，建立全国（或区域）统一、开放的市场体系，使煤炭、电力、油气的终端价格随行就市、反映供需；三是减少政府干预，打破省际壁垒，避免市场主体串谋、合谋，维护市场秩序。

面对复杂形势和经济社会发展压力，政府要有所为有所不为，发挥正确作用。重点是做好长期发展战略和近中期发展规划，通过二次分配履行好普遍服务和能源扶贫责任，加强对自然垄断环节的监管，做好应急情况下的战略储备和能源资源调配，推动“放管服”，打造良好营商环境，推进能源行业的标准体系建设。

要辩证看待市场和政府的作用，尊重市场但又不能唯市场，政府要有为但不能无所不为。“十四五”时期要着力健全以市场竞争机制、兜底服务机制、绿色发展机制和区域协调机制四部分为支撑，以产业体系为基础和政府管理体制为保障的中国现代能源市场体系。

“十四五”期间，能源行业改革举措的重点，一是加强电力和油气领域中间环节的成本监审和管输定价工作；二是下决心厘清交叉补贴并逐步解决，使市场回归本源；三是完善交易场所和平台，支持实物现货交易和金融期货交易；四是在需求侧发力，解决电力调峰、天然气调峰问题，提高系统效率；五是建立电力容量市场或补偿机制，完善油气储备机制；六是做好能源市场与可再生能源全额消纳、碳排放市场等的有效衔接；七是大规模实施园区能源“两整合一改造”（整合特许经营权、整合运营主体、升级改造能源系统）专项行动。

“十四五”时期能源体制改革的标志性成果，一是能源法顺利出台，基本厘清能源管理部门与其他管理部门、监管机构的关系；二是电力市场和油气市场的基本建立，政府监管基本到位，电网和油气管网的运营效率明显提升；三是能源转型升级、结构优化速度加快，2025年非化石能源比重接近20％，碳排放基本达峰。

第二节　炉子必须稳稳生在自己家中

面对不稳定性不确定性显著增强的国际复杂局势，中央提出“六稳”“六保”，将保能源安全提到了更加重要、更加突出的位置。在辩证认识国际形势演变与实现第二个百年奋斗目标历史使命的基础上，在加快能源转型和构建现代能源体系的进程中，保能源安全必须有新思路，必须抓住战略要点，防范化解重大风险，增强保能源安全的主动权，确保“炉子稳稳生在自己家中”。

一、保能源安全比以往更为迫切

能源是国家安全的基石、国民经济的命脉、大国竞争的利器，保能源安全是国家治理现代化的重要课题之一。改革开放前，面对西方国家制裁，我们秉持“自力更生、自给自足”方针实现了能源工业快速发展；党的十一届三中全会后，我们强调“因地制宜、多能互补、综合利用、讲求效益”，提高能源供给能力，在“和平、发展”时代主题下，充分利用国际资源和国际市场，提高能源供应安全保障能力。在新时代，党中央提出了构建现代能源体系的要求，通过理念创新、制度创新、科技创新、治理创新，在生产力维度上实现“源—网—荷—储—用”一体化有机互动，在生产关系维度上实现“产—运—销—储—服”高效协同，打造以安全高效、清洁低碳、智慧互动、良法善治为特征的现代能源体系。

当下，我国正处于实现第二个百年奋斗目标的重要历史阶段。未来14亿中国人民生活水平的提高、思想观念的进步，对于能源的数量与质量必然提出更高要求。中国无法也不会复制金融—军事霸权支撑的产业空心化模式，不可能一进入高端产业即抛弃低端产业，不可能只要低耗能产业而赶走高耗能产业，必须努力保持世界工厂地位，保持产业完全覆盖、重心逐步上移的形态。这就决定了在“十四五”及较长时期内，“高耗能”产业效率必须提升，但“高耗能”产业不应盲目抑制，总的能源需求应该受控制但仍会保持低速增长，应通过大力发展新能源来提高能源自给率，但一定规模资源与能源的进口不可避免。

近年来，国际关系波诡云谲，国家竞争日趋激烈。在国际能源供需总体宽松形势下，能源依然是国际斗争的重要领域，在一次能源产地，地缘政治形势日趋复杂；国际油气价格因国际政治因素影响而更增不确定性；等等，我国的能源安全正面临着前所未有的挑战。

应该看到，很多来自外部的压力与冲突，本质上只能通过中华民族伟大复兴的最终实现来真正消解。应对百年未有之大变局，正如强调粮食安全时讲“饭碗必须牢牢端在自己手里”，保能源安全应明确提出“炉子必须稳稳生在自己家中”，必须提高认识、更新观念、坚定信心、多措并举，增强保障能源供应安全的主动权，以适应第二个百年奋斗目标对于能源高质量支撑的要求。

二、保能源安全必须有新思路

能源安全是国家总体安全在能源领域的落实，是政治、经济、外交、军事等国际环境安全问题的折射，只有把握能源安全主动权才能把握住发展主动权。确立新的能源安全观，必须发展“双循环”，重视“双注重”，确立“新双控”，强调“双作用”。

（一）在国内国际“双循环”新发展格局中保能源安全

加快形成以国内大循环为主体、国内国际双循环相互促进的新发展格局，是应对外部不确定性的必需之举。长期看，根本之策是进一步推进本土化、多元化的可再生能源发展，鼓励交通电气化等油气消费替代、促进石油消费尽快达到峰值。近期看，仍必须千方百计做好能源国际合作，保证油气采购通道的安全；同时高度重视油气资源的战略储备体系建设，并保持必要规模的现代煤化工项目建设，以提高保能源安全的可靠性、先进性、可持续性。

中国粮食安全的保障，既有18亿亩耕地红线为基础，更有规模可观的粮储规模作支撑。反观能源领域，我国油气资源规模不足、品质不高，长期勉强扩产保产，不仅成本缺乏竞争力，更直接消耗本土的不可再生资源，埋下真正的能源安全隐患。

中国能源安全应高度重视油气资源的深度战略储备，一是储备产品，逢低吸纳直至180天乃至更长时间；二是储备资源，境内惜采限采缓采；三是储备产能，广泛勘探布局；四是储备技术，维持全产业链；五是储备人才，鼓励队伍“走出去”。唯有如此，才能增加讨价还价、承受波动、减少被动、应对欺诈的底牌；唯有如此，才能更好地在国际上谈生意、谋共赢。

（二）在数量质量“双注重”的高质量发展前提下保能源安全

要加快推动能源转型与升级，不走单纯依赖煤炭的老路，既要有数量保障，更要有质量提升。取之不尽用之不竭、不受外部干扰、不存在断供之忧的可再生能源的发展，将有助于能源结构多元化、本土化、清洁化、低碳化的升级，是保能源安全的必由之路。

按照二氧化碳排放力争于2030年前达到峰值，努力争取2060年前实现碳中和的目标，势必进一步加快大规模、高比例可再生能源建设，并统筹电网和传统能源做好“软垫子”。要调动市场主体的积极性，继续推动集中式分布式风电、光伏的投产和并网；要强化电网企业责任、均衡发电主体负担，挖掘用户资源潜力，千方百计做好可再生能源的并网、送出和消纳工作。

与风电、光伏相比，水电兼具防洪、供水、航运等水资源治理与利用的综合效益，本身也是一种生态环保工程。过去，由于国家投资能力不足，商业化项目化运作算小账，我国水电出现“大机小库”流域库容远远低于径流的积弊。若能尽快转变观念，强化国家治水主体责任，加快水利基础设施建设，特别是在西部地区有意识地营建改建系列大库，不仅可根治千年水患，更可为电力系统多提供10%—15%的优质可调节容量，为风电、光伏等大规模送出保驾护航。要增强战略定力，以水利为战略目标，以水库为核心载体，以水电为超额补益；以国家意志推进黄河流域化石能源走廊转变成绿色能源走廊；推进青藏高原东侧南侧季风带水资源隐患治理与利用。

(三)在强度和可再生能源消费比重“新双控”约束下保能源安全

习近平总书记在《求是》杂志上撰文指出：“能源消费总量和强度双控制度对节约能源资源、打好污染防治攻坚战发挥了积极作用。但是，目前有10多个省份提出难以完成‘十三五’能耗总量指标。这个问题要认真研究，既要尽力而为，又要实事求是。对于能耗强度达标且发展较快的地区，能源消费总量控制要有适当弹性。”[①]变能源消费总量和强度的“老双控”，为“可再生能源消费比重”“能源消费强度”

① 习近平.推动形成优势互补高质量发展的区域经济布局.求是，2019(24).

"新双控",将能源安全与能源高质量发展紧密结合起来,符合新时代发展的内在要求。

以"可再生能源消费比重"替代"能源消费总量",一方面,能源消费总量依然是分母,促进节能的宗旨一以贯之;另一方面,以可再生能源作为分子,有利于明确发展方向、促进能源质量提升。通过这一个指标,促进各地做小分母、做大分子,起到一箭双雕的功效。能源消费强度指标在国家整体层面仍表现为"单位 GDP 能耗",但在地方及行业分解中应进一步细化为"单位产品能耗",避免产业空心化,鼓励真正的技术进步。

(四)在市场和政府"双作用"协同发挥中保能源安全

能源领域资金密集,没有市场配置资源会导致系统运行效率低下,造成资源浪费;能源领域网络特性强,与经济社会关联紧密,任由行业自由探索,可能造成行业发展中供需忽松忽紧、价格大起大落。突如其来的新冠疫情凸显了有为政府的作用,扭转了理论界对自由市场的盲目崇拜。在驾驭能源转型、应对气候变化背景下考虑能源安全,必须协同发挥"有效市场"和"有为政府"双作用。

总之,保能源安全要有新思路,必须立足于国内国际"双循环"新发展格局,坚持数量和质量并重,用好强度和可再生能源占比"新双控"手段,发挥好市场和政府"双作用",提高认识,理清思路,狠抓落实。这样,"炉子"才能"稳稳生在自己家中"、才能恒久"生在自己家中"。

三、保能源安全必须抓住战略要点

从当下到未来相当长的时间,我们这样体量的能源大国,任何单一品类、单一路径、单一模式都无法满足经济社会发展需要,无法保能源安全。品类多样化、来源多路径、发展多模式不是源于被封锁、被断供的恐惧，而是作为超级经济体保能源安全的逻辑必然，作为中国能源发展与转型的基本遵循。当前形势下，我们必须依靠科技进步和制度创新，因地制宜、因情施策，明确保障"炉子必须稳稳生在自己家中"的战略举措。

（一）节能提效是保能源安全的战略基础

节能是能源安全、环境安全和气候安全的要素，提升能源效率是全球经济有效和安全转型的关键。我国节能和提升能效潜力巨大，应进一步充分挖掘这一事半功倍的潜能。譬如在煤炭消费领域，按照专家王庆一的分析，煤电装机容量10.1亿千瓦，发电煤耗降至289克标准煤/千瓦时，可节煤4.17亿吨；钢铁、建材、化工单位产品煤耗达到国际先进水平，可节煤4.2亿吨；燃煤工业锅炉采用高效、低排放的煤粉炉，热效率可由65%提升至90%，可节煤1.4亿吨；居民和服务业燃煤炉灶采用热效率70%以上的新型炉灶，可节煤2.1亿吨。除此之外，工业、建筑、交通领域也有巨大节能潜力。

抓好节能提效这一战略基础，一是要加大宣传，引导全社会牢固树立节能提效是"安全经济清洁低碳的第一能源"的理念；在结构节能、技术节能、管理节能的基础上，强化"文化节能"，建立从内心注重节能的文化氛围。二是要转变发展方式和消费方式，从追求速度和体量转向追求质量和效率，坚决抑制不合理需求，杜绝浪费之风。三是将能源主管部门明确为国家节能主管部门，对节能与能源的生产、供应、消费等全环节进行统筹考虑、闭环管理。

节能和提高能效的关键手段是要完善并建立能源"新双控"制度，落实各地方和各部门的责任，严密考核。能效提升要高度注重区域、产业、行业间的协同，瞄准全局性的用能优化、挖掘整体性的节能潜力、提高总体能源利用效率，强调工业、建筑、交通和能源跨领域的深度耦合和系统优化。而单位 GDP 能耗强度目标，宜进一步细化为具体产业、具体产品的单位产出能耗指标，压减调结构的空间，规避产业空心化风险，激励真正的节能降耗技术进步。

(二)大力发展可再生能源是保能源安全的战略支撑

截至 2019 年底，我国风电装机容量达 2.1 亿千瓦，提前一年完成“十三五”规划指标；太阳能发电装机容量达 2.0 亿千瓦，已翻番完成“十三五”规划指标。面对一个时期以来弃风弃光现象严重的局面，政府部门和电网调度机构通过严格控制弃风弃光严重地区的风电和光伏发电新增建设规模、优化可再生能源系统调度运行、落实可再生能源电力消纳监测评价制度等措施，使得可再生能源消纳问题得到较好解决。2019 年全国平均弃风率、弃光率分别为 4%、2%，在比 2016 年装机规模增长 40%的情况下，分别下降 13 个百分点和 8 个百分点。通过实践中的不断摸索，我国在加快发展可再生能源、促进上网消纳方面积累了较为丰富的经验。

力争 2030 年前二氧化碳排放达峰和 2060 年实现碳中和目标，势必为我国新能源发展提供更加强劲的动力。“十四五”期间，无论从资源上、技术上、还是经济性上，我们都具备更大力度发展风光能源的条件，充分发挥主观能动性，完全可以扭转能源安全被动局面。到 2019 年，分布式光伏和风电已经实现用户侧平价，集中式光伏度电成本(1 度=1 千瓦时)已可以降到 0.2 元以内，陆上风电度电成本降到 0.25 元以内。特别是光伏，无论是光照资源、荒漠土地，还是原材料、制造业产能和技术进步等都几乎完全没有瓶颈了。大力发展光伏，既可优化能源结构、加快能源独立，又可拉动能源新基建，进一步强化我国光伏制造业优势。

推动可再生能源跨越式发展，需要统筹各类能源协调发展，统筹各地能源协调发展，统筹城乡能源协调发展。可再生能源是能源战略转型本土化、多元化、清洁化、低碳化的重要支撑，但其自身离不开电力系统可调节能力的支撑，如发展储能电池、燃气机组、抽水蓄能、大库水电、煤电灵活性、电网延伸、需求侧管理（响应）等，将传统能源和储能转变为“软垫子”，支撑可再生能源大规模高比例发展。要坚持西部集中式开发和东部分散式开发相结合，电从“身边来”和“远方来”相结合。促进城乡能源一体化发展，重点要与解决困扰农村的秸秆、畜禽粪便、污泥污水等生物质资源能源化综合利用结合起来。因此，发展可再生能源，关键是做好系统性的战略规划，而绝不能仅仅盯在单一领域的投资或补贴竞争上。

（三）科技创新是保能源安全的战略驱动力

科技是第一生产力。科技决定能源的未来，科技创造未来的能源。科技创新在能源革命中起决定性作用，必须摆在能源发展全局的核心位置。通过创新才能加快能源革命进程，加快能源低碳发展进程，加快由化石能源向可再生能源过渡的进程，进而实现“炉子稳稳生在自己家中”。上述的能源转型，物质基础是真实的技术进步与技术突破，支撑条件则是公共政策及其带动的资本市场。能源公共政策转型，需要从发展型政策体系转向技术型政策体系，从主抓规模和速度转向统筹政策资源、着力推进技术进步。国家应逐步压减存量补贴、提高技术门槛、引进市场竞争，同时发挥体制优势集中力量作技术攻关、减少能源产业链上的“卡脖子”环节。

未来能源系统是充分利用“云、大、物、移、智、链”等新技术，促进能源生产和需求的有效匹配，实现横向多能互补、纵向“源—网—荷—储”高效互动，保证可再生能源高占比的智慧能源系统。智慧能源系统能够使能源电力系统成为一个协同弹性的有机整体，新能源消纳能力更强、安全性更高。要抓紧建立智慧能源技术标准体系，开展一批不同技术类型、不同应用场景的试点示范项目；要使基于电力与能源市场的多种智慧能源商业模式蓬勃发展，探索形成开放共享的智慧能源生态环境。

发展智慧能源的一个重要手段就是大力发展虚拟电厂，聚合分散在“源—网—荷—储”的灵活性资源，大大提升整个电力能源系统的弹性。当前，我国可供发展虚拟电厂的资源量非常雄厚。其中，可控负荷资源5000万千瓦以上，分布式电源规模超6000万千瓦，用户侧储能规模约100万千瓦，电动汽车接近600万辆（每辆按5千瓦计算，相当于3000万千瓦储能），且这些资源都还在快速增长之中。有效聚合现有的分散资源，相当于建设140台百万千瓦煤电机组，完全能够满足“十四五”时期电力负荷增长和削峰填谷的需要。应尽快启动虚拟电厂顶层设计，明确能源主管部门牵头建设虚拟电厂，出台虚拟电厂建设指导意见，积极培育“聚合商”市场主体，建立虚拟电厂标准体系；加快完善激励政策和市场化交易机制，丰富虚拟电厂激励资金；加快完善虚拟电厂与现货市场、辅助服务市场、容量市场的衔接机制。

（四）体制机制创新是保能源安全的战略保障

大国竞争本质是国家治理体系和治理能力的比拼。当前，我国保能源安全形势紧迫，任务艰巨。为应对百年未有之大变局，保能源安全、加快能源转型、实现第二个百年奋斗目标，必须把能源提到与粮食、金融同等的战略高度，尽快建立健全与能源第一大国相称的能源治理体系和治理能力。我国目前能源管理职能高度分散、管理机构级别偏低的现状，重规模速度、轻技术进步的政策体系惯性，不能适应新形势、承担新使命。

解决这些问题，首先要靠体制改革。当前能源发展改革千头万绪，强化政府能源管理机构、压实部门管理责任是第一条，唯此才能纲举目张、事半功倍。习近平总书记强调，“制度更加成熟更加定型是一个动态过程，治理能力现代化也是一个动态过程，不可能一蹴而就，也不可能一劳永逸”[①]。

能源体制改革，关键是部门职能整合。优化能源管理体制，必须克服盲目自满、故步自封、再等等看的思想。要果断行动，改变能源管理权责交叉、叠床架屋、职能分散、九龙治水现状，整合散落在各部委的涉及能源的权责，如能源投资、核准、政策、标准、体改、价格、安全、环保、科技创新、城乡能源统筹等。能源管理部门统筹能源供给与消费、国内与国际，对能源发展和改革负总责，落实保能源安全战略举措，确保“炉子稳稳生在自己家中”。

能源体制改革，要调动地方积极性。能源安全和能源转型的核心是要发展分布广泛、能量密度小的可再生能源。必须充分调动地方和广大企业积极性，打一场“人民战争”；必须打破传统的煤电油气单一“军种”、条块分割、各自为战的格局；必须挖掘数字经济潜力，大力发展新技术、新业态、新模式，建立起以用户为中心、统筹规划、协同优化的现代能源体系。中央政府部门连同中央企业，要步调一致地推动“放管服”改革；要整合园区供电、供热、供气的特许经营权为“综合特许经营权”，具备条件的可拓展到供水、污水、垃圾处理等，支持地方经济发展上层次。

① 习近平.坚持和完善中国特色社会主义制度推进国家治理体系和治理能力现代化.求是，2020(1).

第二章　新型能源体系与新型电力系统的内涵

第一节　新型能源体系的内涵特征

一、新型能源体系的内涵

挖掘和深刻理解新型能源体系的内涵，必须以历史的眼光来审视人类文明及其能源体系的演进。

人类在漫长的历史演变中，经历了远古的采猎文明、古代的农耕文明、近代的工业文明以及现代的信息文明四个发展阶段，正在走向生态文明。文明前行离不开能源动力，能源动力离不开能源技术，人类文明的历史一定层面上就是能源的技术进步和形式更替的历史。采猎文明和农耕文明阶段依靠柴薪、役使牲畜、使用风车与水车，构成了古代能源体系。工业文明阶段发明和使用蒸汽机与内燃机，依赖煤炭和电磁动力，构成了传统能源体系。随着计算机、通信、微电子、光电、新材料、传感、超导等新型技术的发展和广泛应用，人类踏进了信息文明阶段。这一时期主要使用的能源仍然是石油、煤炭、天然气等一次能源和电力等二次能源，但基于上述新技术，人类具备了单能源品种的深度开发利用能力，具备了能源产供销体系的综合优化能力，这就建构了当代能源体系[①]。

新型能源体系建设顺应生态文明的萌发呼之而出，有其必然性。总的来说，当代能源体系走的仍然是先开发后治理的老路，带来的是酸雨、污染、雾霾和气候变暖等；建立能源体系的初衷是满足经济社会发展需要，但却带来了生态环境的恶化、对群众健康的损害，发展不可持续。党的二十大提出了全面建成社会主义现代化强国、以中国式现代化全面推进中华民族伟大复兴的使命任务，强调中国式现代化是人与自然和谐共生的现代化。

新型能源体系是与人类迈进生态文明阶段相匹配的能源体系，是与生产发展、生活富裕、生态良好文明发展道路相适应的能源体系，是清洁低碳、安全高效现代能源体系在中国式现代化更高要求下的近义词和升级版。新型能源体系的表述，不排斥在未来特定场景下继续使用现代能源体系这一概念。

二、新型能源体系的特征

近年来，就未来能源体系应具备的特征，相关机构、专家学者结合国家关于能源问题的若干重要论述（包括“四个革命、一个合作”能源安全新战略，构建清洁低碳、安全高效的现代能源体系，实现能源治理能力与治理体系现代化，能源的“饭碗必须端在自己手里”，建设能源强国），从不同视角都作了很好的提炼和总结，比如清洁、低碳、安全、

① 当代能源体系使用了各类现代化技术，但不表述为现代能源体系，因为容易和我们的中国式现代化目标、清洁低碳安全高效现代能源体系的用词相混淆。

高效、经济、智能、弹性、韧性、透明等，都很有价值。

理解新型能源体系的特征，关键要抓住三个要点。一是能源生产的绿色化；二是能源消费的简约化；三是能源产供销的智慧化。

绿色是能源低碳转型发展对能源供给体系的基本要求。清洁能源是绿色的、在利用中不会产生或产生极小污染的能源，太阳能、风能、水能、生物质能、地热能等可再生一次能源，电能、氢能等二次能源，属于清洁能源。在能源供给中因为运行安全需要而仍然存在的煤炭、油气等化石能源，由于采用持续发展的高效低碳开发利用技术，实现传统能源清洁化，这某种程度上也具备绿色属性。

简约是绿色发展、能源安全、技术进步等要素对立统一下能源消费体系的逻辑必然。兴起于二战之后西方国家的消费主义，以对物品的绝对占有和追求享乐主义为特征，颠倒了生产和消费的关系，背离了生产力发展的内在规律。绿色简约的生产生活方式也是一种对美好生活的向往，这需要重大理念重塑。反映在能源系统中，表现为工业、商业、居民的需求将更具弹性和容忍度。

智慧是能源产供销体系的技术趋势。通过先进信息技术与能源产业深度融合，通过技术和管理模式创新，整合区域内传统化石能源和新能源、一次能源和二次能源，实现多种异质能源子系统之间的协调规划、协同管理、互补互济；实现“源—网—荷—储—用”能源供应环节之间运行的高度协调、完美互动和经济低碳。

三、总体建设思路

建设新型能源体系的目标和路径是，适应构建新发展格局的需要，加强技术创新和制度创新，推动能源清洁发展，实现可再生能源开发规模的跃升，扭转能源结构调整停滞的局面。到 2035 年，适应中国式现代化建设的需要，规划重构和初步建成绿色、简约、智慧的能源体系，推动实现碳排放达峰后稳中有降，支撑新型工业化、信息化、城镇化和农业现代化。

新型能源体系的建设，千头万绪，既需守正又要创新。重点任务中应强调以下几点。

加强中央在新型能源体系建设中的统筹作用，提炼能源系统发展规律，宣传和坚持系统观念，纠偏能源安全发展方面非"左"即右、走极端的社会舆论导向。

持续推动能源技术革命，发挥科技创新这一引领能源发展第一动力的作用，完善能源科技创新体系，真正"破五唯"，补强能源技术装备"短板"和锻造能源技术装备"长板"。

调动用户和社会资本积极性，释放需求侧潜力。建立健全用户和社会资本有效参与的规划计划、投资建设、运行经营等能源基本制度，打破垄断环节和利益集团，坚定深化能源市场化改革。

第二节 新型电力系统的内涵特征及关键技术

一、新型电力系统的提出

气候变化和能源安全发展，对我国能源清洁低碳转型提出了明确要求。一方面，随着全球经济发展和工业水平迅速提升，气候变化与环境问题被提上议事日程，温室气体是导致全球变暖主要原因这一观点已基本达成共识。世界二氧化碳排放大国和主要经济体都作出承诺，截至 2021 年底，已有超 130 个国家承诺在 21 世纪中叶实现碳中和，表明应对气候变化的决心。2020 年 9 月，习近平主席在第七十五届联合国大会一般性辩论上发表重要讲话，承诺中国将提高国家自主贡献力度，采取更加有力的政策和措施，二氧化碳排放力争于2030年前达到峰值，努力争取2060年前实现碳中和。[①] 一方面，能源行业是二氧化碳排放的主要来源，推动可再生能源发展，加快能源转型，是我国实现碳减排目标的必由之路。另一方面，我国油气对外依存度居高不下，能源安全备受重视。可再生能源资源丰富，革新了化石能源资源禀赋“富煤、缺油、少气”的传统认知，具备有力支撑国民经济和社会发展的潜力。

新时期电气化发展是推动能源转型、构建现代能源体系的重要途径。传统电气化主要是为了用电而发电，不考虑其发电能源和发电方式，而新时期电气化中电的来源必须是低碳的，发电方式是绿色的。一是在国民经济各部门和人民生活广泛使用电力的基础上，通过电力与新技术的深度融合，促进更多清洁能源转化为电力且得以更大规模利用，清洁低碳电力以智能电网为载体实现更大范围的配置和使用；二是利用电能替代传统化石能源的直接消费，进一步提高终端用能的电气化水平；三是以电力为核心，融合多种能源协同高效运行，进而推动能源生产与消费变革、支撑经济社会协调发展、促进生态环境持续改善、助力人民生活品质不断提升。

未来非化石能源占比将快速提升，到2030年非化石能源消费比重达到25%左右，到2060年占比升至80%以上。在需求侧，到2030年，电能占能源终端消费比重将从现在的27%左右升至40%左右，到2060年提升到70%左右。2021年3月15日，中央财经委员会第九次会议提出，要构建清洁低碳安全高效的能源体系，控制化石能源总量，着力提高利用效能，实施可再生能源替代行动，深化电力体制改革，构建以新能源为主体的新型电力系统。中共中央、国务院《关于完整准

① 习近平在第七十五届联合国大会一般性辩论上的讲话. 人民日报，2020-09-23(3).

确全面贯彻新发展理念做好碳达峰碳中和工作的意见》强调，要构建以新能源为主体的新型电力系统，提高电网对高比例可再生能源的消纳和调控能力。突破关键技术、构建新型电力系统，是党中央的战略决策，是解决资源环境问题的必然选择，是经济社会高质量发展的要求，也是能源电力科技工作者的使命。

21世纪的能源安全将是以电力为主的全面能源安全，电力系统是这一变革的中心环节，构建新型电力系统是解决我国能源安全乃至国家安全的重要途径，也是能源电力行业的巨大变革。刘吉臻院士认为新型电力系统是以主干电网为枢纽，独立供电系统、分布式电网等为辅，具有清洁、高效、安全、智能、开放特征的电力系统。舒印彪院士认为新型电力系统具广泛互联、智能互动、灵活柔性、安全可控四个方面的基本特征，建议国家率先开展新型电力系统建设试点，建立健全电力绿色转型政策体系，充分发挥市场资源配置的决定性作用，发挥科技创新的支撑引领作用。郭剑波院士认为要破解在建设以新能源为主体的新型电力系统过程中的环境—经济—安全三角矛盾，需要从运行调控机制、电价市场机制、政策法规机制等方面进行创新。饶宏院士认为建设新型电力系统要谋划统筹好新能源与电力保障、电网安全、电能供应经济性三方面的关系。汤广福院士认为新型电力系统的构建主要分两个阶段进行，第一个阶段是对现有电力系统进行升级改造，第二个阶段是在大规模储能和氢能等技术发展的基础上，研究电源的替代技术，实现碳中和目标。王锡凡院士团队认为未来电力系统面临充裕度、灵活性、安全性、市场方面的挑战，并从能源供给侧碳减排、能源消费侧碳减排、面向能源供给与消费的碳移除三个角度提出支撑新型电力系统发展的关键技术。薛禹胜院士认为能源领域推进“双碳”目标的关键在于新能源对化石能源大规模替代以及终端用能侧大规模电能替代，新型电力系统的时空发展规划应嵌入能源转型及

“双碳”目标的路径规划中，涉及多学科领域交叉。

二、新型电力系统内涵特征与现实挑战

（一）新型电力系统内涵特征

新型电力系统是以满足人民美好生活需要和能源清洁低碳转型为新目标，适应新能源占比不断提高、清洁用电需求不断增长等新任务，具有清洁低碳、简约弹性、智慧灵活、经济高效、安全可靠等新特征，“源—网—荷—储”互动的能源互联网络（见图 2-1）。

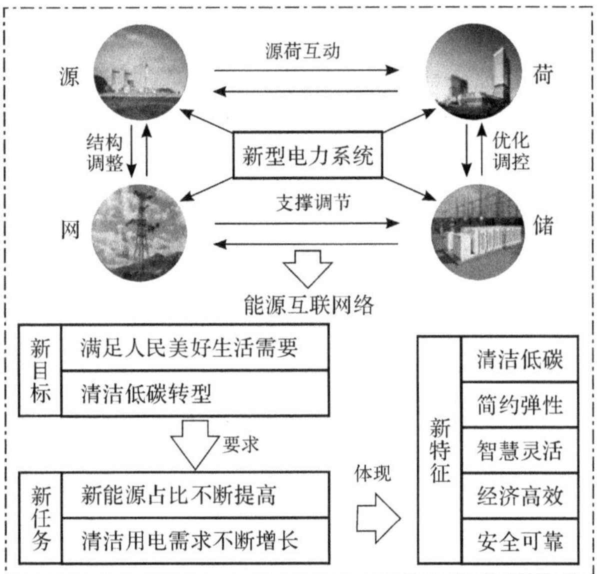

图 2-1 新型电力系统内涵特征

清洁低碳是新型电力系统的核心目标。电力系统是能源绿色转型的中心环节，在我国实现“双碳”目标的整体布局中具有举足轻重的地位，承担着重要的清洁低碳转型任务。不同于我国长期以火电为主的传统体系，新型电力系统中火电的角色将由主力电源逐步转为辅助电源，风电、光伏、水电、核电、生物质能等新能源将成为电力供应的主

力军。实现清洁低碳转型既是新型电力系统的核心目标，也是建设新型电力系统的评判标准。

简约弹性是新型电力系统的环境要求和用户理性需求，也是“双碳”目标下绿色简约生产生活方式在电力系统建设中的重大理念重塑。绿色简约的生产生活方式反映至电力系统中，表现为工业、商业、居民的电力需求将更加具有弹性，对电力供应变化容忍度更高。新型电力系统通过引导和培养用户的用电及消费习惯，从而实现荷随源动和多元化“源—荷”双向互动。

智慧灵活是新型电力系统的运行特征与实现途径。新型电力系统以数据作为核心生产要素，打通“源—网—荷—储”各环节信息，发电侧实现“全面可观、精确可测、高度可控”，电网侧形成云边融合的调控体系，用电侧有效聚合海量可调节资源支撑实时动态响应，通过海量信息数据分析和高性能计算技术，使电网具备超强感知能力、智慧决策能力和快速执行能力。区块链、人工智能、云计算、物联网等先进智能技术的发展将进一步服务于电力系统的灵活开放运行。

经济高效是新型电力系统的运营方式与系统成效。新型电力系统应是符合接纳多主体、适应多场景和满足多需求的高效率电力市场体系的系统。在技术上应提高设备运行效率，提高整体运行效益，推动规划、设计、调度、运行各个环节全面转型和革新，适应开放式电力市场体系的构建需要。在机制上应充分向市场化转型，形成以中长期市场为主体、现货市场为补充，涵盖电能量、辅助服务、发电权、输电权和容量补偿等多交易品种的市场体系，充分调动系统灵活性，促进“源—网—荷—储”互动，实现提升系统运行效率、全局优化配置资源的目标。

安全可靠是新型电力系统的底线和持续运转的基本前提。波动性、间歇性的新能源大规模接入电网；新型电力电子设备应用比例大幅提升，极大地改变了传统电力系统的运行规律和特性；电网形态上全国统一的超高压特高压框架日益复杂，配电网多样化地拓展至局域电网、微电网；随着物理和信息层面互联互通，人为的外力破坏和网络入侵等非传统的系统安全风险也在增加。新型电力系统必须具备抵御和应对各种风险的能力，实现安全可靠运行，支撑经济社会安全发展。

(二)新型电力系统建设面临的挑战

在能源转型过程中，电力系统的形态和基本特征将发生巨大变化，在一次能源特性、电源布局与功能、电力系统技术与基础、负荷结构与特性、网络规模形态与电网平衡模式等方面，新型电力系统的建设内容与传统电力系统区别较明显(见图 2-2)。

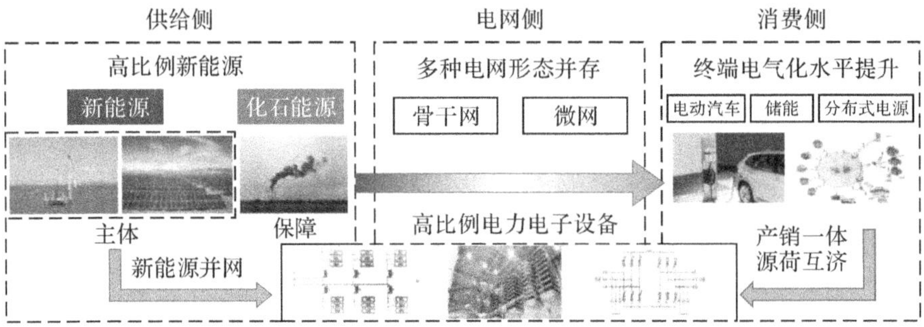

图 2-2 新型电力系统建设面临的挑战

一是高比例新能源。传统化石能源具有能量密度高、可运输、可储存、发电稳定可控等优点，决定了其发电站呈现集中式特点。与化石能源不同，风、光资源不可运输、与当地气象密切相关，具有随机性、间歇性、波动性特点，因此风、光发电站选址更多地呈现分布式特点。为了减少能源电力行业碳排放、推动产业结构升级，以风电、光伏为代表的新能源将成为主要供电电源，火电机组将提供辅助服务、容量备用等功能，起到“压舱石”作用。

二是高比例电力电子设备。传统电源以火电为主，通过机械旋转部件带动同步发电机并网。新能源机组通过静止式电力电子能量变换装置并网，交流电力系统同步运行机理由物理特性主导转向人为控制算法主导。传统电力系统的动态过程分析认知手段基于秒级的机电暂态过程，电力电子器件为电力系统引入了微秒级开关过程，变化时间尺度大大缩短，须以电磁暂态为基础进行分析和认知。

三是终端电气化水平提升。全国各领域在推进电能替代进程，实现以电代煤、以电代油、以电代气，构建以电力为中心的终端能源消费格局，电能将成为能源消费的主要形式，用电需求将持续增长。风电、光电等分布式电源在用户侧快速发展，使用户成为集生产、消费、经营于一体的新型用户，推动多能源产品及服务融合发展的“用户中心时代”即将到来。

四是多种电网形态并存。新型电力系统是基于可再生能源和清洁能源、集中式与分布式电源结合、骨干电网与局域网和微网结合、“源—网—荷—储”互动、灵活柔性、安全可控的电力系统。随着沙漠戈壁荒滩大型可再生能源发电基地持续向电网负荷中心供电，交直流混联大电网形态仍会长期存在。同时，电动汽车、分布式电源、储能等大量接入配电网，由于其既消耗电能，也可以为电网提供电能，配电网有源化将成为趋势。局域电网、增量配电网、微电网等电网形态更加多样。

对照上述四点内容，新型电力系统建设仍有诸多技术问题需要解决。新能源并网发电预测如何更加准确，电力系统规划如何组织实施，电力系统与储能的依存关系，电力运行如何很好实现“源—网—荷—储”的互动、需要哪些新技术新装备，电力市场化如何兼顾效率与公平，这些问题亟待回答。

三、以新能源为主体的新型电力系统若干关键技术

为了保障未来高比例新能源格局下的电力供应可靠、安全、稳定、经济、低碳，推动我国能源转型，实现“碳达峰，碳中和”战略目标，需要突破一批关键技术，实现科技成果转化和产业化。新型电力系统建设跨越电力行业成为全社会的共同问题，其支撑理论必然涉及传统电工学科以及政治、经济、社会、管理诸学科，关键技术也十分庞杂。以下重点分析四个方面(见图 2-3)。

图 2-3 新型电力系统若干关键技术

(一)大规模新能源送出、并网与功率预测技术

坚持集中式与分布式并举，大力发展风能、太阳能、生物质能、海洋能、地热能，是能源电力发展的优先方向。我国以风、光为主的新能源资源富集地区与负荷中心呈逆向分布，随着光伏装机容量急速扩张以及海上风电逐渐向深远海推进，亟须研究更加经济有效、安全可靠的电能输送技术。针对大量风/光资源富集地区由于就地常规水火电源支撑不足影响新能源发展问题，研究无常规电源支撑的大规模新能源发电基地稳定运行及直流送出关键技术。适应建设海上风电基地、推进海上风电向深水远岸区域布局的导向，集中攻关突破大容量海上

风电机组的全工况模拟及并网试验关键技术装备，突破远海风电全直流以及低频输电系统设计关键技术；开展远海风电柔直接入关键技术、装备及运维技术的示范试验。分布式光伏爆发式增长，集群化分布式发电并网可缓解单独并网带来的波动，重点研究集群内部自治运行、集群间协调运行和主配网间协同运行控制，实现分布式光伏自适应并网、主动同步。

预测可再生能源出力和极端风险评估预警能够减少可再生能源接入电网的安全隐患。深入研究基于气象预测的传统技术，重视气象资源、信息的应用，同时进一步研究可再生能源资源与出力数据统计学规律挖掘技术。重点突破低功耗高可靠性风/光资源监测技术及装置、多时空尺度风/光资源精细化模拟技术、可再生能源发电功率概率及爬坡预测技术、广域分布式可再生能源集群预测技术、储热型光热电站发电能力预测技术、可再生能源中长期尺度发电能力预测技术、可再生能源功率预测的在线建模和模型优化技术，形成全过程、高精度的广域可再生能源发电功率预测系统。

（二）新型电力系统规划与运行技术

传统规划方法已经不能适应高比例新能源、高比例电力电子化的新型电力系统。需研究低转动惯量电力系统形态格局和安全稳定机理，提出适合我国发展需求的电网形态格局、构建合理网络架构。改变电源规划、输电网规划、配电网规划研究割裂的方法，推动发—输协同规划、源—网—荷—储协同规划、考虑多能流协同运行的配网规划。满足更高的安全稳定需求、协同更广泛的源—网—荷—储柔性互动、推动大数据应用和挖掘电力市场机制激励空间，引入多场景技术、鲁棒优化技术和协同规划技术等，深化规划理论研究。

研究更大规模和更高精度的交直流混联电网仿真技术，实现复杂运行环境下电网运行特性的深度认知和运行趋势的有效把握。研究源—网—荷—储系统多目标广域联合协调控制技术，研究建立高效的电网调度决策平台和综合防御体系，提升电力系统的安全稳定水平和运行效率。开展新型电力系统网络结构模式和运行调度、控制保护方式，直流电网系统运行关键技术，以及高比例新能源和高比例电力电子装备接入电网稳定运行控制技术研究；开展输变电设备状态感知和智能运行技术研究。

研究配电网多能互补基础理论与数字孪生仿真技术。研究分布式电源/微电网集群分布式自治—协同调控与高效消纳技术，含高比例分布式电源与柔性负荷的故障智能检测与快速处理恢复技术，偏远地区微电网并网可靠供电技术，配电网灵活性、韧性与综合质量能效提升技术。实现配电网大规模分布式电源有序接入、灵活并网和多种能源协调优化调度，有效提升配电网的韧性和运行效率。

（三）新型电力系统灵活性提升技术

为了支撑高比例新能源并网、提高大电网运行的安全性和可靠性，提高电力系统灵活调节能力至关重要。在电源侧，常规火电灵活性改造滞后、抽水蓄能等灵活调节电源严重匮乏、清洁能源灵活性较低，导致灵活性资源供应结构问题突出；在需求侧，灵活性资源品种多，但受制于价格、激励机制、基础设施等因素，潜力没有被释放。

燃煤发电具有一次能源可储、二次能源可控的特征，是电网调峰、调频的重要手段，“双碳”目标下仍能发挥重要的支撑作用。研究推进60万和30万千瓦级火电机组灵活智能发电技术改造，实现机组清洁、高效、灵活、智能运行。研发新一代超净超灵活智能燃煤发电机组，为构建新型电力系统提供重要支撑，其负荷变化范围为0%—100%，负荷变化率为每分钟6%额定负荷，实现烟尘、SO_2、NOx近零排放和重金属、CO_2深度脱除，在电网调频调峰中的灵活性达到燃气机组和抽水蓄能电站水平。

研究建立大型变速抽水蓄能技术体系，研究海水抽水蓄能关键技术，研究基于梯级水电站的大型储能项目技术经济性。研究新型储能技术，重点研究能量型/容量型储能技术装备及系统集成技术，针对电网削峰填谷、集中式可再生能源并网等储能应用场景，开展大容量长时储能器件与系统集成研究；研发长寿命、低成本、高安全的锂离子电池，突破铅碳电池专用模块均衡和能量管理技术，开展高功率液流电池关键材料、电堆设计以及系统模块的集成设计等研究，研发钠离子电池、液态金属电池、钠硫电池、固态锂离子电池、储能型锂硫电池、水系电池等新一代高性能储能技术，开发储热蓄冷、储氢、机械储能等储能技术。

研究电力需求响应技术，研究电解铝、铁合金、多晶硅等电价敏感型高载能负荷的生产工艺和流程改善技术，发挥其可中断负荷、可控负荷等功能。研究虚拟电厂聚合与调控技术，开展工业可调节负荷、楼宇空调负荷、大数据中心负荷、用户侧储能、与电网 V2G 互动的新能源汽车等各类资源聚合的虚拟电厂示范。

（四）现代电力市场体系与交易机制

新型电力系统建设既需要"硬技术"的支撑，也需要电力体制机制"软技术"的助力。借鉴国内外电力市场建设的经验教训，加快构建中国现代电力市场体系，以市场竞争机制、兜底服务机制、绿色发展机制和区域协调机制四部分为支撑，以电力产业体系为基础和政府管理体制为保障。针对当前电力市场体系不完整、功能不完善、交易规则不统一、跨省跨区交易存在市场壁垒等问题，加快研究建设全国统一电力市场体系，实现国家市场与省（区、市）/区域市场联合运行，电力资源在更大范围内共享互济和优化配置，提升电力系统稳定性和灵活调节能力。

构建适应新型电力系统的市场机制。提升电力市场对高比例新能源的适应性，建立与新能源特性相适应的中长期电力交易机制，鼓励新能源报量报价参与现货市场，新能源比例较高的地区可探索爬坡等新型辅助服务。因地制宜建立发电容量成本回收机制，探索容量补偿机制、容量市场、稀缺电价等多种方式，保障电源固定成本回收和长期电力供应安全，鼓励抽水蓄能、储能、虚拟电厂等调节电源的投资建设。探索开展绿色电力交易，以市场化方式发现绿色电力的环境价值，体现绿色电力在交易组织、电网调度等方面的优先地位，做好绿色电力交易与绿证交易、碳排放权交易的有效衔接。健全分布式发电市场化交易机制。鼓励分布式光伏、分散式风电等主体与周边用户直接交易，完善微电网、存量小电网、增量配电网与大电网间的交易结算、运行调度等机制，增强就近消纳新能源和安全运行能力。

第三章　化解煤电矛盾　完善体制机制

第一节　煤电关系及政策回顾

煤炭是国民经济和社会发展的重要物质基础，又是一种稀缺的不可再生资源，所以宏观上煤炭供应链系统也要发挥供应保障功能。

煤炭供应链的构成实体稳定。煤炭产品价值增值中的参与者主要是煤炭资源勘探、生产、运输、中转、储存企业，资源勘探、运输企业当前垄断性较强，中转、储存以港口为主，具有地域的依赖性，煤炭企业选择的余地较小，煤炭用户也较为稳定，以电力、冶金、建材、化工用户为主。近年来，煤炭消费结构中电力行业占比不断增高(见图 3-1)。

煤炭供应链系统在煤炭生产、运输、中转、消费、储存各环节受政府的宏观管理和调控，各类政策具体包括煤炭市场监管政策、煤炭安全监管政策、煤炭资源政策、环境管理政策、运输管理政策、产业政策、区域政策。

煤炭是我国主要的一次能源资源，但受资源禀赋限制与区域经济发达程度呈逆向分布，多年来输煤与输电的应用方式一直存在争论。

煤电供应链系统中涉及的价格问题众多(见图3-2),由于市场机制在供应链系统优化中的作用受到了限制,煤炭供应链系统中各要素的界面关系复杂,尤其是煤运冲突、煤电冲突,是煤炭供应链系统中长期未能解决的问题。

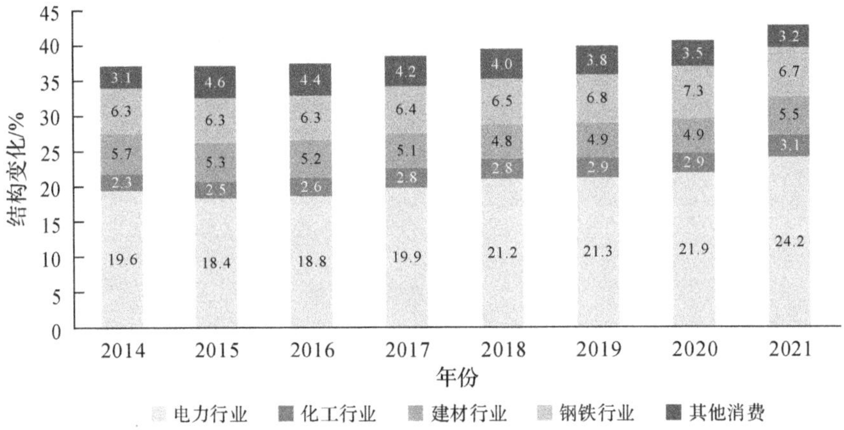

图3-1 电力行业在煤炭消费结构中的变化

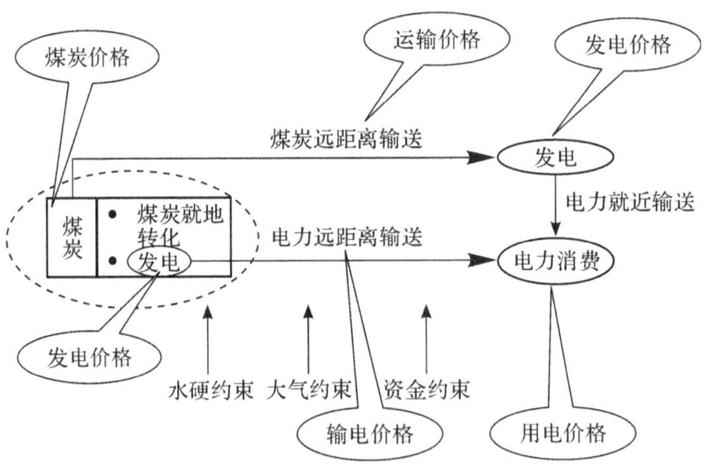

图3-2 煤电供应链系统中的价格机制

我国煤电矛盾凸显,起自2002年。2001年底我国加入WTO后,为了进一步适应市场经济不断发展和完善的需要,国家在2002年取消电煤指导价，自此煤炭与电力行业直面相对，“计划电”遭遇“市场煤”。面对经济运行中资源约束矛盾加剧，煤炭、电力供应紧张，价格矛盾突出的情形，为理顺煤电价格关系，促进煤炭、电力行业全面、协调可持续发展，国务院批准于2004年建立煤电价格联动机制。

2004年12月25日，国家发展和改革委员会发布《关于建立煤电价格联动机制的意见的通知》（发改价格〔2004〕2909号），提出按照“市场导向、机制协调、价格联动、综合调控”的思路，建立灵活的、能够及时反映煤价变化的电价调整机制，按电网区域分价区实行煤电价格联动。以电煤综合出矿价格（车板价）为基础，建立上网电价与煤炭价格联动的公式；为促进电力企业降低成本、提高效率，电力企业要消化30%的煤价上涨因素；上网电价调整后，按照电网经营企业输配电价保持相对稳定的原则，相应调整电网企业对用户的销售电价；在“主辅分离”前按照电网经营企业实际的电力购销价差，作为煤电价格联动的基础；原则上以不少于6个月为一个煤电价格联动周期；若周期内平均煤价比前一周期变化幅度达到或超过5%，相应调整电价。

2004年煤电价格联动机制建立至2015年，国家共对燃煤标杆上网电价进行了12次调整，其中，2004—2011年的8年时间里分9次上调燃煤机组上网电价，累计上调幅度达到9.936分/千瓦时；2012—2015年的4年时间3次下调燃煤机组上网电价，累计下调幅度达到4.33分/千瓦时。12年间，煤电价格矛盾突出，多次触发联动条件，但仅仅在政策发布初期的2004年5月和2005年6月，较为清晰地执行过两次向上调价的联动政策，以及2015年4月执行过一次向下调价的联动政策。

为适应煤炭电力市场的形势变化，促进煤炭电力行业健康协调发展，2015年12月31日，国家发展和改革委员会发布《关于完善煤电价格联动机制有关事项的通知》（发改价格〔2015〕3169号）。煤电价格联动机制以年度为周期，以省（区、市）为单位组织实施；以中国电煤价格指数2014年各省（价区）平均价格为基准煤价，以与基准煤价对应的上网电价为基准电价，分为电煤价格与基准煤价，相比波动按不超过每吨30元、30—60元、60—100元、100—150元、150元以上五种区间，对煤电价格实行区间联动；上网电价调整后，相应调整销售电价。新办法执行后的第二天，即2016年1月1日，按照之前国务院常务会议的精神，实施煤电价格联动，上网电价和销售电价分别下调了3.00分/千瓦时。2017年1月，根据煤电价格联动计算公式测算，煤电标杆上网电价全国平均应上涨0.18分/千瓦时，不足规定的联动触发条件0.20分/千瓦时，据此，2017年1月1日全国煤电标杆上网电价未作调整。2017年全年的平均电煤价格指数515.99元/吨，较2014年的444.44元/吨高出71.55元/吨，达到触发条件，但2018年1月1日未实施煤电价格联动。

2019年9月26日的国务院常务会议决定，抓住当前燃煤发电市场化交易电量已占约50%、电价明显低于标杆上网电价的时机，对尚未实现市场化交易的燃煤发电电量，从2020年1月1日起，取消煤电价格联动机制，将现行标杆上网电价机制改为“基准价＋上下浮动”的市场化机制。

2021年秋季，煤炭需求旺盛，产能产量短缺，煤电矛盾重现。由于“十三五”期间退出煤矿产能5500处左右，退出产能10亿吨，很多省份火电机组原本可以使用本地煤炭，退出产能后基本依赖外送煤。全国电煤主要由内蒙古、山西、陕西、新疆四个省份供应，而这些产煤省份优先保障自身供应，其他各地争取外来煤的难度加大。加上中间环节炒作，秦皇岛港口5500大卡煤炭价格攀升至1500元/吨以上（见图3-3）。

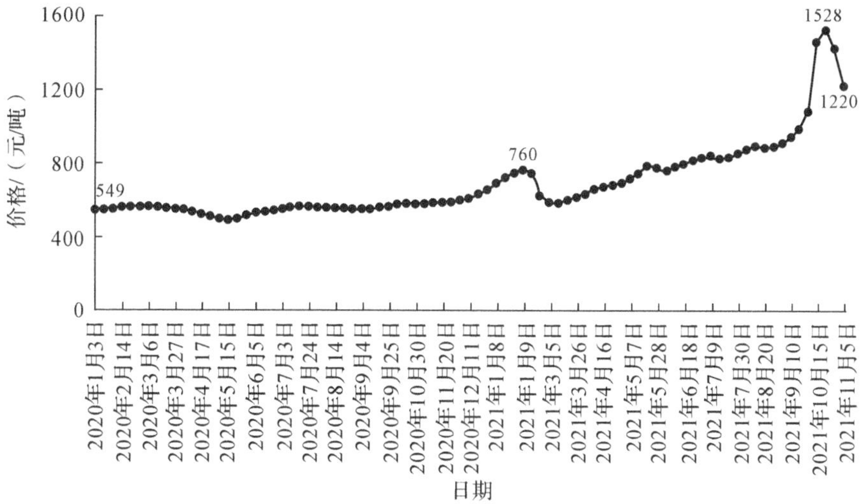

图 3-3　2021 年煤炭价格上涨情况

第二节　解决煤电矛盾问题要依法调控　标本兼治

2021 年入夏，我国多地用电出现错避峰甚至停限电现象，南方地区对工商业连续执行有序用电计划，东北地区对居民实施拉闸限电，严重影响企业生产经营和居民基本生活，引发广泛舆情。党中央、国务院高度重视，发改委、能源局及时调度，地方政府和行业协会、电力企业积极响应，停限电情况虽有好转但仍未有完全改观。

一、煤电矛盾原因分析

该轮煤电矛盾是在经济社会面临深刻变化、能源结构加速转型的背景下发生的。全国停限电主要有两个原因：一是煤炭供给不足、价格高企，发电企业多发多亏，导致电力供需失衡；二是地方应对能源"双控"，限制特定行业企业生产用电。较多省份是前者，浙江、江苏等是后者，也有省份两个原因并存。

针对煤电矛盾凸显问题，发改委、能源局、地方政府及煤炭、电力、铁路运输企业，积极响应党中央、国务院关于做好能源保障工作的部署要求，上下联动、认真落实。一是发改委、能源局等部门出台政策，释放煤炭先进产能，缓解发电企业亏损运行压力，有序增加煤炭进口，特别是打破以往燃煤电价只能向下浮动的"土规矩"，允许多地煤电交易电价适当上浮；二是主要产煤地方政府组织召开煤炭中长期合同对接签订会，明确煤炭企业面向用煤省份的对口保供任务，推动2021年冬季发电供热用煤中长期合同直保全覆盖；三是电网企业制定完善有序用能方案，强化民生用能保供底线，铁路、港口等强化组织，保障煤炭运力。

煤电成本传导失灵存在深层次原因。煤电的上游是煤炭生产与运输，下游是一、二、三用电产业和居民，进而形成了煤炭市场—运输市场—电力市场—产品市场环环相扣的市场长链条。建立社会主义市场经济体制，具体到能源领域，就要坚持发挥市场在资源配置中的决定性作用，坚持电力市场化改革方向不动摇。因此，政府能源主管部门必须发挥监管职能，维护市场调控机制的有效运行，维护产品价格信号的有效传导。

煤价高企，严重背离价值，也远高于国家发展改革委、中国煤炭工业协会、中国电力企业联合会、中国钢铁工业协会《关于平抑煤炭市场价格异常波动的备忘录》(发改运行〔2016〕2808号)中提出的2017年动力煤价格绿色区间500—570元/吨，煤炭价格异常波动响应机制未能发挥效用。基于电煤供需失衡的非常态，简单化地将畸高的煤价向下引导将对经济社会造成严重负面影响：一是PPI、CPI上行，将推高通胀；二是工业品短缺，经济增速下行带来滞胀；三是中小企业破产倒闭，失业率攀升。

煤电矛盾和缺煤停限电的更深层次原因，在于“九龙治水”，导致煤炭产能产量遭遇多重行政约束：一是前期煤炭去产能，使煤炭供求关系处于紧平衡状态；二是随着生产能力恢复和外贸订单增加，用煤需求扩大；三是《安全生产法》《刑法修正案（十一）》国务院446号令、应急管理部4号令等组合拳有效遏制了煤矿超能力生产；四是“一个煤矿发生事故，整个区域停产整顿”的治理模式。

二、政策建议

当前的市场信息和政府举措将影响未来的经济社会发展，必须坚持底线思维，市场为主，依法调控，标本兼治。

（一）千方百计在取暖季之前尽快扩大动力煤供应

矿山安监局等部门将煤矿“核定生产能力”作为产量上限是有道理的，但应考虑历史上煤矿“批小建大”等实际情况，进一步加快梳理和核定煤矿真实生产能力，避免窝产能。地方安全生产、生态环境管理部门慎用一个煤矿出问题、全省或整个集团停产整顿等“一刀切”治理方式，避免对煤炭平稳生产和经济健康运行带来过大冲击。

（二）依法调控动力煤价格回归正常

《价格法》第三十条规定：“当重要商品和服务价格显著上涨或者有可能显著上涨，国务院和省、自治区、直辖市人民政府可以对部分价格采取限定差价率或者利润率、规定限价、实行提价申报制度和调价备案制度等干预措施。”动力煤价格由原来的600元/吨左右，不到一年飙升至1700元/吨，市场严重扭曲。

专栏 3-1　国家发改委的煤炭限价举措

> 2022 年 2 月，国家发展改革委发布《关于进一步完善煤炭市场价格形成机制的通知》（发改价格〔2022〕303 号），明确了煤炭价格合理区间。秦皇岛港下水煤（5500 千卡）中长期交易价格每吨 570—770 元（含税）较为合理，上下游能够实现较好协同发展。综合考虑合理流通费用、生产成本等因素，相应明确了煤炭重点调出地区（晋陕蒙三省份）出矿环节中长期交易价格合理区间。

相关部门应在扩大动力煤供应的同时，按照上述条款要求，用强力干预措施将动力煤价格控降到合理区间。另外，应按照《价格法》第二十七条规定，研究利用价格调节基金，调控价格，稳定市场。

（三）引导市场预期做好煤炭和电力年度合同签订工作

依据市场实际情况及有关地方电价调整措施，合理提高动力煤价格绿色、黄色、红色区域标准，正确引导市场主体对动力煤价格和电力交易价格的预判，有关部门加强协调，确保年度合同顺利签订。同时，加大舆论宣传，及时通告煤炭产能的增加情况，平复工业企业的担心，促进下游订单落地和经济平稳增长。

（四）痛定思痛下决心根治能源行业“九龙治水”局面

深刻认识到停限电背后深层次的能源行政管理体制问题，必须加快推动大部制改革，将散落在各部委涉及能源的权责事项归口到国家能源管理部门，统筹能源供给与消费、发展与改革、国内与国际。

第三节　加强能源应急供给能力建设

2021年入夏后，我国煤炭供给偏紧，多地出现停限电。党中央、国务院高度重视并作出决策部署，有关部门多措并举加强供需调节，情况趋缓。但必须看到，当前供需衔接脆弱，系统运行不畅，支撑能力不足，必须坚持新发展理念，筑牢安全篱笆，避免“头痛医头脚痛医脚”。

一、当前我国能源应急供给能力存在短板

能源应急供给是国家整体危机管理和能源安全战略框架下的专项工作。2021年停限电及前期应对，反映出能源应急供给能力短板明显。

（一）能源应急供给预测预警能力偏弱，指导实践乏力

2021年上半年煤价出现明显上涨势头，但相关部门负责人接受媒体采访时表示，预计7月份煤价将进入下降通道，价格将出现较大幅度下降。这种判断固然有平复社会焦虑的作用，但缺乏科学研判体系支撑。目前，国家层面没有能源综合分析与预测预警平台，有关部门也无法给出煤炭电力等供需情况及煤价预期，导致煤矿与电厂之间、电厂与用户之间的供货合同签订困难，增大了经济活动的不确定性。一些专家担忧，多部门政策叠加，煤炭产能释放过猛，可能促成煤炭市场低迷。由于预期不明确，将出现两个极端：个别企业开始安排停工放假；有的企业购置或租用柴油机发电自用，造成低效用能和严重污染。

（二）能源应急供给处置能力欠佳，生产经营失序

一是紧急态势下煤炭产量、价格调节缓慢。2021年停限电的根

本原因是煤炭供给不足，但没有先进产能应急增产预案，导致产能释放较慢。《价格法》明确赋予政府在特殊情况下干预价格的权力，但由于基础工作缺失，2021年仍在紧急开展煤炭企业产量、价格、成本、利润等调研工作。二是煤炭应急调配秩序乱。组织山西、内蒙古等与用煤省区市签订了四季度煤炭保供合同，大体实现了数量平衡，但没有充分考虑现有铁路运输流向及运力，部分合同与铁路运输调度计划无法匹配，一些煤矿甚至提出“电厂坑口提货、运输自己解决”，公路运输压力也随之加大。三是出现区域不平衡、行业不平衡和城乡不平衡。2021年前期东北拉限电社会关注度高，煤炭保供受到政策倾斜，但南方地区供应仍存缺口；工作重点在全力保电煤，但化肥、大工业等用煤也在告急；城市居民供电供热保障到位，但北方农村买不起煤，冬季留守老人可能挨冻。

（三）能源应急供给协同能力不足，权责不清晰

一是国家能源管理委员会是能源领域最高议事协调机构，其办公室主任由发改委主任兼任，办公室工作由能源局承担，开展工作不够顺畅。二是煤电油气运协调机制是发改委针对能源运行问题提出思路并会商有关部门，但没有形成协同高效的工作格局。如新《安全生产法》《刑法修正案（十一）》出台对煤炭实际产能发挥有较强抑制作用，但协调机制内事前沟通明显不足。三是相关文件在国家煤炭应急储备动用上，赋予中国煤炭工业协会建议权，但后续成立的全国煤炭交易中心以铁路总公司系统企业为主导，与煤炭工业协会以及山西、内蒙古、陕西等地方煤炭交易中心缺乏协同。四是中央与地方协调不够充分。如重庆市与陕煤集团签订了产能置换协议实现了“去煤化”，但中南地区保供能力受到削弱。

（四）能源应急供给储备能力差距较大，难解燃眉之急

煤炭储备方面强调煤炭产品储备，但由于存在煤炭自燃、煤质减

损等问题，企业积极性不高；产能储备建设缺乏规范，灵活响应需求的能力严重不足；内蒙古明确提出不再新建露天煤矿，产地储备受到影响。石油天然气储备方面，国家储备加上企业储备约为60天进口量，低于国际能源署(IEA)90天最低要求，远低于欧美发达国家平均120天实际水平；天然气储备刚刚起步，各类储运设施建设严重滞后。新型电力系统方面，要求集中式风电光伏电站配套建设的储能设施，未能进行统一有效管理，难以发挥顶峰调节作用。

(五)能源应急供给制度保障能力不强，存在明显短板

一是没有专门的能源应急法规。能源法、石油天然气法尚未问世；《电力法》《煤炭法》颁布实施20多年了，没有应急供给方面的条款，导致应急处置依据不足、手段匮乏。二是能源储备法规残缺。“国家石油储备条例”2016年征求意见稿发布后，未见正式印发；2011年出台的《煤炭储备管理暂行办法》，由于激励不足，企业没有积极性。三是国家能源应急储备动用程序不透明，石油储备中心由国家能源局转隶国家粮食和物资储备局后，石油储备动用流程更趋复杂。四是能源信息统计制度不周密，信息失真。调研中许多煤炭企业和专家都指出，煤炭企业超核定能力生产现象严重，存在“两本账”“多本账”，历史上实际年产量比统计产量多3亿—5亿吨。

二、对策建议

应对百年未有之大变局，“饭碗必须牢牢端在手里”，“炉子必须稳稳生在家中”。面对“双碳”要求和能源转型压力，必须树立安全发展理念和“全国一盘棋”思想，坚持目标导向和问题导向，推动能源应急供给工作法治化、规范化、精细化、信息化，确保经济社会健康有序可持续发展。

(一)加强能源供给预测预警能力建设

在国家能源局现有应急指挥体系的基础上,增加能源供给的监测、预测、预警机制,对接自然灾害监测预警体系,建立健全国家能源应急管理平台。加强能源供应、运输与需求数据采集与分析体系建设,构建能源供需与经济社会发展宏观分析模型,提升公共安全事件和国内国际异常经济活动下能源供需预测、预判、预警的科学性。

(二)加强能源应急供给储备能力建设

煤炭方面,分类出台激励措施,鼓励企业做好产品和产能储备;高度重视露天煤矿产能储备和产地储备建设,确保产量增减自如。油气方面,研判需求增长,完善应急储备布局,重视油气储运设施投资,扩大应急石油天然气储备能力建设。电力方面,研究提升应急备用和调峰能力相关政策措施;顺应能源转型趋势,加快储能和分布式智能微电网建设,减轻大电网平衡压力。

(三)加强能源应急供给处置能力建设

制订并持续完善煤炭长期保供的产运需协调方案,注重5G、大数据、物联网、人工智能等现代技术的应用。针对煤炭运输的特点和极端天气的可能影响,加快铁路沿线电厂同时缺煤等复杂情景构建及相应能源保供应急预案编制,利用虚拟现实技术组织实施能源应急保供演练。依法完善紧急情况下的价格干预措施;严格控制紧急情况下的市场准入,禁止大量金融资本进入市场投机倒把、兴风作浪;硬化中长期合同的法律地位,提高违约成本。

(四)加强能源应急供给协同能力建设

理顺国家能源委员会办公室机构设置,以能源保供为主的煤电油气运协调机制,交由能源主管部门牵头负责,并确保责权匹配。应急管理、矿山监察、自然资源、生态环境等部门应遵循“第一性原理”,不拓展职能到限制企业产能产量方面。研究组建国家能源部,统筹能源供给与消费、发展与改革、安全与降碳、国内与国际。央地协同上,明确地方能源重大决策的报告事项。支持煤炭、电力、油气等行业协会发挥行业自律作用,积极发挥其桥梁纽带作用。

(五)加强能源应急供给制度保障能力建设

借鉴美国、日本、德国经验,结合我国国情,着手起草能源应急供给相关法规,尽快实现能源应急保供工作秩序化。加快能源法规立改废,修订煤炭储备管理办法,发布石油储备条例,明晰储备动用制度。整合资源组建国家能源信息研究机构,提高能源数据全面性和准确性,强化能源信息统计与分析,为政府部门制订应急供给政策提供支撑,向社会发布权威信息,正确引导社会预期。

第四章　推进电力交易独立和输配分开改革

第一节　停限电背后是电力市场化改革推动缓慢

2020—2021 年冬季，受极端天气、冲刺能源“双控”目标、外向经济较快增长等多重因素影响，湖南、江西、浙江等多地出现停限电情况。为此，发改、能源等部门强化了能源供应要求，地方政府加强了资源统筹调配，电网、发电、运输企业挖掘生产调度潜力，电力运行总体平稳[①]。但遗憾的是，停限电背后的制度性问题没有得到充分重视。中共中央、国务院《关于进一步深化电力体制改革的若干意见》（中发〔2015〕9 号，以下简称 9 号文件）明确了“管住中间放开两头”电力改革体制架构。但截至 2021 年，一些交易机构才完成股份制改造组建，在

---

① 国新办《新时代的中国能源发展》白皮书新闻发布会上，发改委秘书长指出，电力供应总体平稳有序。针对电力缺口，湖南、江西政府的相关部门在预判的基础之上及时采取了有序用电的措施，按照制定的预案，有计划地压减了一部分工商业企业的用电。浙江省内个别地方为了促进节能减排，采取了限制电力消费的一些措施。做好冬季能源保障的各项工作，一是提高发电能力，优化运行方式；二是进一步多渠道增加电煤供应。三是针对一些确实存在短期电力供应缺口的地区，指导科学合理地进行调度，确保居民生活用电不受影响。

推动电力市场建设方面作用发挥严重不足，电力市场体系的“四梁八柱”远未建成，导致面对供需紧张局面，电力市场“毫无作为”。如不加快电力交易中心的独立规范运行和现代电力市场体系建设，停限电情况未来仍将不断重现，严重影响营商环境，影响“十四五”经济发展目标的实现。

一、停限电背后的电力市场制度性问题分析

（一）电网企业仍是跨省跨区交易的买卖电主体

浙江省用电紧张阶段，福建省单方面暂停了省间 360 万千瓦的电力交易。由于交易制度变形，跨省跨区交易的购售双方均为电网公司，违约没有任何连带责任，导致浙江供需形势判断的边界不确定、预期模糊。9 号文件明确要求，电网企业改变集电力输送、电力统购统销、调度交易于一体的状况，主要从事电网投资运行、电力传输配送；构建体现市场主体意愿、长期稳定的双边市场模式。但在后续的交易规则中，变为鼓励发电企业、电力用户、售电主体等通过竞争方式进行跨省跨区买卖电。实际操作中更是退步为主要由电网企业的送受两端子公司作为购售主体。跨省跨区交易制度不规范，长期、稳定、诚信的交易制度不能建立，未来将成为各地电力运行统筹安排的最大风险。

（二）电力现货交易推进缓慢，用户未被有效纳入

受年底催货和春节备库等影响，冬季往往是制造业生产高峰，有些企业年底关键两个月的收益占到全年的 30%。长沙顶津食品公司、湖南中谷科技公司等企业表示，自身有能力在被迫关停生产线导致经济损失，改为三班制生产、效率降低 20%、多支付员工加班费，升高电价、多支付电费，这三者之间理性选择。9 号文件特别强调让用户参

与电力交易，要求对符合标准的售电主体和用户赋予自主选择权，直接洽谈合同，实现多方直接交易，从而为用户提供更加经济、优质的电力保障。2017 年广东、浙江等 8 个省份进行了电力现货交易试点建设，但浙江等大多试点仍是发电侧单边交易，用户不能进入市场，能够进入市场的，交易价格也限制得很死，无法通过价格调整刺激用户电力需求响应。

（三）缺乏用能权用电权等二级市场，电厂和用户的积极性无法有效调动

在用电紧张阶段，电网企业按照政府部门提前制定的有序用电方案实施停限电、错避峰。各地有序用电方案依据的仍然是国家发改委 2011 年印发的《有序用电管理办法》，没有体现 9 号文件“政府有关部门要按照市场化的方向，从需求侧和供应侧两方面入手，搞好电力电量整体平衡”。党的十八大以来，中央许多文件都强调推动用能权有偿使用和交易工作，但这项工作始终没有纳入电力交易的制度框架中。用户侧用电权交易二级市场的缺失，导致停限电措施刚性，政府认为的精准施策，实际上无法代替企业的自主理性决策。浙江春风动力公司认为，企业上游 300 多家供货商中为数不多的供货商被执行“做四休三”，导致企业备库困难，影响的是春节后有旺盛需求的国际订单，这方面政府不能想当然地以当前有无订单作为限电依据。

（四）政府关于电力市场的管制理念存在偏差

对于如何让市场发挥资源配置的决定性作用，更好发挥政府作用，监管层尤其是地方监管层存在一定的认识误区。地方政府对电力市场的管制过多地使用社会性而非经济性手段，过多地行政干预而非市场调节，不自觉地将市场主体分出“三六九等”。如果以企业为主体的电力市场的交易活动没有产生危及公众健康、安全和环境等负外部

性，则不宜对市场主体和交易行为采取禁止、限制的直接干预手段。管制理念的偏差，导致市场变形，资源配置功效减弱。

（五）电力交易中心的助手作用明显不足

组建相对独立的电力交易机构是中发 9 号文件的明确要求，是“管住中间放开两头”的政策支撑，是推动市场的得力助手。实践中这方面工作过于迟滞，至 2020 年底符合预期的股份制交易中心仍未完全到位。交易机构、市场管理委员会的职能缺失，导致中发 9 号文件配套文件赋予的拟定讨论交易规则、提供规范公开透明的交易服务等工作的质量大打折扣。政府被迫冲到“前台”，耗费行政资源且效果欠佳。

二、政策建议

（一）坚持 9 号文件确定的市场化改革方向，校正电网企业和交易机构的定位

认真总结 9 号文件发布以来的经验，查找市场作用发挥不充分背后的问题，坚持改革确定市场化方向，进一步明确电网企业的功能定位和市场主体的权责。对照 9 号文件，以“管住中间放开两头”体制架构为准绳，审视出台的各类规则，对于出现偏差的限时予以纠正。加快推动、真心支持电力交易机构的独立规范运行。

（二）在规范推动跨省份电力交易的基础上，加快全国区域电力市场体系建设

在跨省份交易方面，尽快引导政府间协议向市场主体间协议的过渡，强化合同违约责任；加强事中、事后监管，对不履约的行为视情节实施惩戒；对地方政府违规干预市场的行为及时制止并曝光。完善全国电力市场体系，积极推动区域电力市场体系建设，确保交易双方为

发用电主体，杜绝自然垄断属性的电网企业成为交易一方。

（三）尽快完善电力现货市场

将用户和售电公司纳入交易体系，在发用双方集中投标中发现价格，规避平衡账户带来的副作用。放开现货交易的价格上下限，实现价格对电能需求的有效引导。认真对待部分省份出现的现货市场资金不平衡问题和市场倒退问题，并提出指导性意见。

（四）加快电力市场的二级市场建设

推动发电权、用电权交易，缩短交易周期，完善交易平台，丰富市场内涵，增加市场流动性，尽最大可能地提高用户选择的灵活性。

（五）对电力市场行为主体慎用社会性管制（即直接管制）

深化对中国特色社会主义市场经济规律的认识，对电力输、配、售企业等市场行为主体采取积极的经济性管制，充分利用价格、投资、准入、退出的权威规则间接影响企业决策，如完善优化定价机制、改革创新交易机制、放松准入促进有效竞争等，以实现资源配置的最优化。对电力市场出现的交易问题，政府要慎用社会性管制手段进行直接干预，避免市场突然失序、暂停或倒退。

第二节　深化电力交易机构独立规范运行

一、我国电力交易机构的演变历程

（一）从电力调度交易中心到电力交易中心

电力交易机构发端于电力调度机构，而电力调度机构的存在源于电力实时平衡的特性。在电力生产中，电能的生产、供应和使用几乎瞬间同时完成，且电能不易存储，现代电力生产的规律和特点，要求电力系统要随时进行生产调整，使不断变化的发、用电总量保持平衡。《电力法》及《电网调度管理条例》中明确，电力调度机构作为依法对电力系统运行进行组织、指挥、指导和协调的机构，承担着电力生产、输送、使用的统一调度工作[①]，在电力系统运行中行使调度指挥权。调度机构在经济调度的职责上包括改进系统经济运行的措施、制订和执行经济调度方案等。

2002 年国务院下发《电力体制改革方案》(国发〔2002〕5 号)，旨在推动厂网分开、竞价上网，拉开了我国电力市场化改革的大幕。理论上，电力市场化运作，必须建立电力调度和交易机构，组织市场主体自主开展各类交易，管控市场主体行为的同时保障电网安全。发达国家调度与交易的关系，大体有两种运营模式：一是调度输电保持一体，交易机构单独分离的欧洲模式；二是交易调度打捆分离的美国模式。

国发〔2002〕5 号文件明确要求，建立电力调度交易中心，实行发电竞价上网。在区域电网公司经营范围内，根据各地电网结构、负荷分布特点及地区电价水平的具体情况，设置一个或数个电力调度交易中心，由区域电网公司负责管理。电力调度交易中心之间实行市场开放。

2007 年国务院办公厅转发体改小组《关于"十一五"深化电力体制改革实施意见的通知》(国办发〔2007〕19 号)，提出要抓紧研究调度中心与交易中心之间的关系，按照公平竞争原则完善组织体制。其背后的逻辑是，随着厂网分开，市场主体多元化，电力作为商品开始进行交易，迫切需要一个公平、公正的交易平台来撮合各类电力交易。随着各地电力改革的深化，国家电网公司在国网本部、区域电网分部和

① 我国电网调度机构分为五级，即国家调度中心、大区域调度中心、省级调度中心、地区调度中心和县级调度中心。

省级电网公司都设立了交易中心;南方电网公司设立了挂靠在营销部的南方电力交易中心。

(二)从相对独立到独立规范的电力交易中心。

2015 年 3 月,中共中央、国务院下发的中发〔2015〕9 号文件,明确了深化电力体制改革的重点和路径:“按照管住中间、放开两头的体制架构,有序放开输配以外的竞争性环节电价,有序向社会资本开放配售电业务,有序放开公益性和调节性以外的发用电计划;推进交易机构相对独立,规范运行;继续深化对区域电网建设和适合我国国情的输配体制研究;进一步强化政府监管,进一步强化电力统筹规划,进一步强化电力安全高效运行和可靠供应。”

同时文件强调,“建立相对独立的电力交易机构,形成公平规范的市场交易平台”;“组建和规范运行电力交易机构。将原来由电网企业承担的交易业务与其他业务分开,实现交易机构相对独立运行。电力交易机构按照政府批准的章程和规则为电力市场交易提供服务。相关政府部门依据职责对电力交易机构实施有效监管”。

根据规划,全国建立北京、广州两个区域电力交易中心和各省级电网(包括蒙东、蒙西、冀北、冀南等)相对应的交易中心,计 34 家。电力改革推动过程中,地方政府部门、电网企业、市场主体等对“相对独立”的内涵理解不一致。2016—2017 年,在地方政府的坚持下,重庆、山西、湖北成立了电网公司绝对控股的股份制电力交易中心,云南成立了电网公司相对控股、比例为 50%的昆明电力交易中心。其他的电力交易中心在工商部门都注册成为电网企业的全资子公司。

2019 年中央经济工作会议提出,“推动交易中心独立规范运行”,为电力改革进一步指明了方向。2020 年 2 月经中央全面深化改革委员会传批审议通过后,国家发改委、国家能源局印发《关于推进电力交易机构独立规范运行的实施意见》(发改体改〔2020〕234 号)。21 世纪以来电力交易机构完整的演变过程见图 4-1。

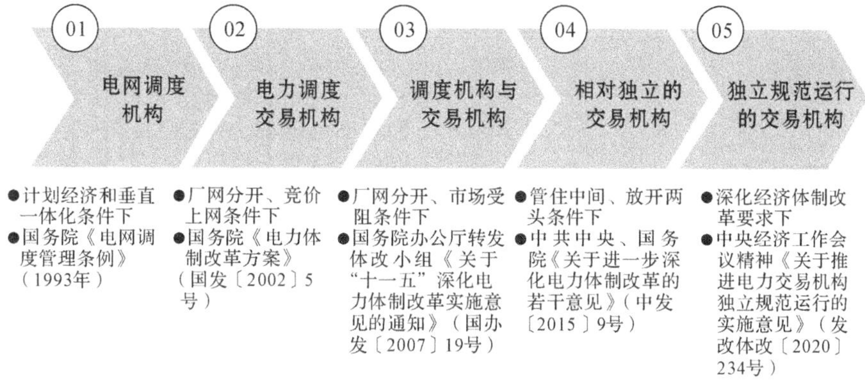

图 4-1 我国电力交易机构的演变过程

按照《关于推进电力交易机构独立规范运行的实施意见》中有关股份制改造的要求，引入中央企业、地方国企、民营企业等多元化股东，建立电网企业、发电企业、售电公司、电力用户等市场主体共同参与的电力交易机构，到 2020 年底前电网企业持股比例应降至 50%以下。通过“天眼查”“企查查”等搜索，截至 2021 年 3 月底，除了辽宁、四川和云南达到要求，其他均未改造到位（见表 4-1）。

表 4-1 典型交易中心的股份结构

序号	名称	注册时间（改制时间）	股份组成
1	辽宁电力交易中心有限公司	2016-04-13（2021-03-17）	国网辽宁省电力有限公司 40%；三峡新能源大连发电有限公司 5.65%；中国能源建设集团辽宁电力勘测设计院有限公司 5.65%；中核辽宁核电有限公司 5.65%；国家能源集团东北电力有限公司 5.65%；国家电投集团东北电力有限公司 5.65%；辽宁能源投资（集团）有限责任公司 5.65%；辽宁红沿河核电有限公司 5.65%；华润电力投资有限公司 5.65%；沈阳金山能源股份有限公司 5.65%；大唐国际发电股份有限公司 3.5%

续 表

序号	名称	注册时间（改制时间）	股份组成
2	四川电力交易中心有限公司	2016-05-06（2021-03-09）	国网四川省电力公司 40%；四川省水电投资经营集团有限公司 10%；华能四川水电有限公司 3.125%；眉山市博眉启明星铝业有限公司 3.125%；华电四川发电有限公司 3.125%；中电建水电开发集团有限公司 3.125%；中国铁路成都局集团有限公司 3.125%；雅砻江流域水电开发有限公司 3.125%；成都博高智慧新能科技有限公司 3.125%；四川福堂水电有限公司 3.125%；四川川能智网实业有限公司 3.125%；四川省港航投资集团有限责任公司 3.125%；攀钢集团有限公司 3.125%；国能大渡河流域水电开发有限公司 3.125%；四川能投售电有限责任公司 3.125%；大唐四川发电有限公司 3.125%；四川通威绿能电力有限公司 3.125%；宜宾海丰和锐有限公司 1.875%；四川省川威集团有限公司 1.25%
3	昆明电力交易中心有限责任公司	2016-08-24（2019-12-19）	云南电网有限责任公司 50%；云南省能源投资集团有限公司 10%；云南铝业股份有限公司 8%；云天化集团有限责任公司 8%；华能澜沧江水电股份有限公司 8%；云南保山电力股份有限公司 8%；云南华电金沙江中游水电开发有限公司 8%
4	北京电力交易中心有限公司	2016-02-24（2020-11-17）	国家电网有限公司 70%；中国华能集团有限公司 3%；中国大唐集团有限公司 3%；国投电力控股股份有限公司 3%；国家能源投资集团有限责任公司 3%；国家电力投资集团有限公司 3%；中国华电集团有限公司 3%；华润电力投资有限公司 3%；中国石化集团资产经营管理有限公司 3%；中国长江三峡集团有限公司 3%；中国核能电力股份有限公司 3%
5	内蒙古电力交易中心有限公司	2016-09-27（2021-03-05）	内蒙古电力（集团）有限责任公司 100%
6	其他		电网企业占股均在 66.7%—80%

二、电力交易机构运作问题剖析

从上述电力交易机构的演变历程中,可以明晰地看到,交易中心是为充分发挥市场配置资源的决定性作用,打造公平独立的交易平台,促进电力交易繁荣健康发展的产物。从电力调度中心孕育而生,由电网公司内设二级部门到成为股份制独立法人,是我国电力交易机构的生长路径。但也要清醒地看到,目前交易中心独立规范运行仍停留于表面,其高质量发展仍面临制度性障碍。

(一)在思想认识上,各方对交易中心的地位和重要性认识不足

没有意识到其在电力市场环境下的经济枢纽与核心地位。电网企业还没有认识到交易中心的地位,这就导致电网公司在交易中心组建工作上相对消极,与政府部门"讨价还价",存在"推一步动一步"的情况。

(二)在组建实操方面,交易中心与电网公司之间的独立性不足

尽管交易中心由电网公司相对控股,但董事长均由电网公司任命,交易机构的既有工作人员都来自电网企业,没有实现重新市场化聘任,且员工对职业发展通道普遍担心。交易中心的经费支撑、物质保障存在一定困难,特别是完整的信息系统建设非一朝一夕能完成。

(三)在工作职责方面,电网企业或多或少地存在错误认识

交易中心独立后影响电网公司利益,影响电网公司权威,与电网公司衔接成本增加、效率降低等,使得在各方博弈中,交易中心组织交易的法定职能被人为切分为中长期市场交易和电力现货交易,现货交易的组织旁落在调度中心,较大损伤了交易中心的工作积极性。

(四)在政府监管方面,市场与政府的边界不清晰

政府部门干预电力交易机构工作的情况屡见不鲜,交易中心的自

主性不足。成立的市场管理委员会,与交易中心和政府部门的关系也不明晰,如何有效发挥作用的难题亟待破解。

三、电力交易机构独立规范运作的内涵

调度、交易、电网是现代电力系统最独特的公共环节,这三者的制度安排及相互关系,是现代电力产业制度的核心,也是世界各国电力市场化改革的要害。推动电力交易机构独立规范运作,是中发9号文件和中央经济工作会议的明确要求,赋予了电力交易机构完善的市场功能。交易中心组建和后续运行中应注重自身职能发挥的完备性、自主性、合规性。

(一)要注重交易中心与电网公司间法人独立

电网公司是电力市场的成员,在电网运营模式改革上,9号文件要求,“改变电网企业集电力输送、电力统购统销、调度交易为一体的状况,电网企业主要从事电网投资运行、电力传输配送,负责电网系统安全;电网不再以上网和销售电价价差作为主要收入来源,而是按照政府核定的输配电价收取过网费”。但在后续文件中的诸多现实情景中,电网公司往往还是电力市场的竞争主体。比如,配套文件五《关于推进售电侧改革的实施意见》提出,售电公司分为三类,第一类就是电网企业的售电公司;再比如,国家电力调度控制中心和北京电力交易中心2017年8月发布的《跨区域省间富余可再生能源电力现货交易试点规则(试行)》明确,跨区域现货交易市场主体包括的买方是受端电网企业、大用户、售电公司和火电企业,初期受端电网企业可以代理电力用户和售电公司参与;又比如,《北京电力交易中心跨区跨省电力中长期交易实施细则》的2018暂行版和2021年的修订版(征求意见稿)明确,“在省间优先计划和购电侧完全放开前,电网企业可作为购

电方代理优先购电用户和不参与市场化交易的电力用户参与省间市场，承担保底供电责任；也可接受其他用户或发电企业委托代理购（售）电方参与省间交易”。交易中心是不以营利为目的、在政府监管下为市场主体提供规范公开透明的电力交易的服务组织，交易中心必须与涉足市场交易的电网公司有效隔离，做到独立运作。

（二）要注重交易中心与调度中心间业务独立

发达国家建构的电力市场中，既有调度独立的，也有交易独立的，也有调度交易一体而与电网独立的。鉴于在我国调度与电网独立这一问题难有共识，调度中心是电网公司内设机构，那么和交易中心与电网公司独立同理，交易中心需要与调度中心独立。两个中心相对独立具备条件：一是职责明确，交易中心主要负责市场交易组织，调度中心主要负责实时平衡和系统安全；二是边界清晰，交易中心提供交易计划给调度中心，调度中心提供安全约束条件、基础数据和调度计划结果给交易中心。

（三）要注重交易中心与政府部门功能独立

市场在资源配置中的决定性作用与政府在市场中的作用不矛盾，有为政府必不可缺。但在深化电力体制改革的过程中，政府既不能“缺位”，也不能“越位”。政府批准交易中心章程，组建市场管理委员会，组织制订市场规划、市场规则和监管办法，组织实施市场监管、外部审计、业务稽核；但政府部门行为必须依法依规，不能直接干预交易中心依据规则开展具体工作。因此，交易中心与政府部门独立，关键是各自把握好角色定位。

（四）要注重交易中心的法定职能和规范运行

交易中心是不以营利为目的、为市场主体提供公平规范电力交易服务的专业机构。9 号文件配套文件《关于电力交易机构组建和规范运行的实施意见》提到电力交易机构的主要职能，一是负责市场交易平台的建设、运营和管理；二是负责市场交易组织实施，提供平台供市场成员开展双边、集中等交易。三是提供结算依据和相关服务，汇总电力用户与发电企业自主签订的双边合同；四是负责市场主体注册和相应管理，披露和发布市场信息等。《关于推进电力交易机构独立规范运行的实施意见》在交易机构的职责方面有所变化，一是将“组织交易”调整为“组织中长期市场交易”，“配合调度机构组织现货交易”。二是“结合区域性电力市场建设，鼓励各交易机构开展股权业务融合，完善跨省跨区市场交易机制，允许市场主体自由选择交易机构，推动全国范围内市场融合发展”。

四、进一步强化电力交易机构独立规范运行的建议

加快电力交易中心的独立规范运行，是中央经济工作会议在9号文件基础上的进一步明确部署。面对2030年前碳达峰、2060年前碳中和的目标，中央财经委员会第九次会议提出了“深化电力体制改革，构建以新能源为主体的新型电力系统”的要求。面临“双高”（高比例可再生能源、高比例电力电子装备）、“双峰”（电网夏季、冬季负荷高峰）等挑战，保证电力系统的安全可靠运行，除了电力调度指挥体系要发挥技术主导作用，电力交易机构和电力市场体系也要发挥作用。强化交易中心的职责，推动独立规范运行十分重要。

（一）坚定电力交易机构独立规范运行方向不动摇

电力交易机构是现代电力市场体系中的重要环节。在国家部委的指导和电网企业的积极支持下，电力交易中心作为一个法人组织而非电网的内设部门，实现从无到有，建设平稳起步，取得积极成效。实践证明，股份制的交易中心对于推动其规范运行的作用是正

面的，更加有利于向市场主体提供公平、公正、公开的交易服务。应坚定独立规范运行方向，进一步规范交易机构的人员、资产和财务管理，特别是强调交易中心人员与电网公司人事关系的脱钩，更多地实行市场化选聘。

（二）尽快选择试点，实行由交易中心组织现货交易的新模式

国家发展改革委办公厅、国家能源局综合司《关于开展电力现货市场建设试点工作的通知》（发改办能源〔2017〕1453 号）明确："试点实施工作可由调度机构牵头，也可由交易机构牵头，这两种模式都要进行实践探索，形成可复制可推广的经验。"但第一批 8 个现货试点都由电力调度中心组织。《关于推进电力交易机构独立规范运行的实施意见》明确，"电力网架结构、技术支持系统、交易机构专业能力等条件较为成熟的地区，适时探索由交易机构组织开展日前交易"。各类市场交易品种尽可能地交由交易中心组织，易于发挥其专业优势，并使得调度中心聚焦在电网安全运行上。

（三）完善市场管理委员会职责，政府部门通过市场管理委员会发挥市场调控与指导作用

市场管理委员会在现代电力市场体系中的作用独特，是由电网企业、发电企业、售电企业、电力用户、交易机构、第三方机构等各方面代表组成，独立于交易机构的议事协调机制。实践中，因市场管理委员会主任往往由交易中心领导兼任，办公室设在交易中心，导致市场管理委员会作用发挥不充分。应进一步完善市场管理委员会职责，政府部门参与其中，相关意见通过市场管理委员会表达，而不应该是现在的交易中心—市场管理委员会—政府部门三层架构；调度中心应参加市场管理委员会，便于科学决策和提高决策效率。市场管理委员会能力加强、关系理顺、运作平稳后，政府和监管部门在电力体制改革工作

中可以更多地把握宏观，研究电力市场规划，加强垄断环节监管。

第三节 明确电网公益定位 推进输配分开改革

一、电网输配体制国际经验

大多数国家都立足各自国情，对输配电体制进行了调整。从各个环节的一体化到某些环节的分开，按照分开的程度，大体包括财务分开、法人分开和产权分开三类(见表 4-2)。

表 4-2 输配分开的三种程度

程度	具体内容
财务分开	合理界定输配电资产，财务上分开核算，但法律上仍属同一家公司。财务分开的国家和地区主要有德国、日本、乌兹别克斯坦
法人分开	输、配分属不同的法律主体，财务上独立核算，但产权属于同一个控股公司。法人分开的国家和地区主要有北欧、法国、埃及、韩国
产权分开	输配电公司分属不同的产权主体，无资产关联，在财务分开、法人分开的基础上又进了一步。产权分开的国家和地区相对较多，主要有英国、美国、澳大利亚等

一些国家实现了输配售完全分开，更多的国家采取输配分开、配售一体，但允许独立售电商进入。只有极少数国家不允许独立售电商进入，实行输配一体、网售分开，或仍保持输配售一体。

(一)输配售完全分开

输配售完全分开，是指输电、配电、售电各个业务环节运营管理独立、财务核算独立，即实现结构分开(输电业务、配电业务由两个公司分别独立经营，但输电公司、配电公司由一个公司控股)；或产权分开

(输电业务、配电业务由两个公司分别独立运营,产权上没有任何关联),独立设置售电公司,电网(包括输电网和配电网)不再具有售电功能。

相当一部分国家采取输配售完全分开形式。英国有3个输电公司、14个区域级配电公司。挪威、瑞典、芬兰、丹麦也实现了输配分开。德国有4家输电公司、836家配电公司,各地售电商数量众多,个别地区在200个以上。匈牙利、斯洛伐克、罗马尼亚等东欧国家,对原来一体化电力公司进行分拆,在电网侧实现了输配售完全分离。匈牙利全国分为6个供电区域,斯洛伐克有1家输电公司、3家大型配电公司,另外还有162家小型配电公司。罗马尼亚有1家国有输电公司、8家地区配电公司和186家售电商。

(二)输配分开、配售一体,允许独立售电商进入

一些国家实行输配分开、配售一体,同时允许独立售电商进入。法国、加拿大输配实现了结构分开,其他更多的国家实现了输配电网的产权分开。

法国输电网由RTE公司独立运营,配电网由ERDT公司独立运营,RTE和ERDT两家公司均由法国电力公司控股,另外还有其他约150家配电公司。加拿大安大略省第一水电有限公司拥有输电、配电业务经营权,由不同法律主体分别独立运营,其他配电公司还有85家,允许独立售电商进入,零售竞争充分。

美国输电公司众多,配电公司负责为本区域终端电力用户供电。巴西输电网主要由联邦和州政府国有公司控制,64家配电公司已经私有化。阿根廷输电公司不能买卖电能,也不能在发电商和配电公司中持股。新西兰输电公司管理和运营输电网,地方配电公司有28家。俄罗斯以骨干电网为基础组建了联邦输电公司并下设7家区域子公司,以地区配电网为基础组建了12家区域配电公司和多种形式的供

电(售电)公司。印度国家电网公司负责输电业务,禁止输电公司进行电能交易。

(三)输配分开、配售一体,不允许独立售电商进入

输配分开、配售一体,但不允许独立售电商进入的国家很少。哈萨克斯坦组建了区域输电公司、地方配电公司,截至2021年,售电环节还没有开放。

(四)输配一体,网售分开

输配一体、网售分开,即输配电网由一家公司负责运营,不允许电网经营电能买卖业务,南非比较接近这种形式。ESKOM是南非最大的一体化公司,目前售电业务已经实现法人独立。

一些国家的电力工业仍保持一体化经营。墨西哥国家电力公司拥有全部输配电系统,日本、乌兹别克斯坦、阿塞拜疆输配电业务实行内部财务分开核算,但还不是真正意义上的输配分开。

二、9号文件出台以来的电改存在的突出问题与反思

9号文件出台以来,本轮电改以电力市场化交易、增量配电试点为突破口取得积极成效,但距离社会预期,特别是距离十八届三中全会提出的"到2020年,在重要领域和关键环节改革上取得决定性成果"的目标要求差距遥远。健全交易机制、理顺价格关系、转变政府职能、健全发展机制、推动立法修法等本轮五项电改目标的推动步履维艰。

(一)本轮电改存在的突出问题

1. 地方政府"忍气吞声",改革活力未能得到有效激发。

2. 重点改革举措"推而不动",存在逐一被拆解、变形、打折和烂尾风险。

3.降电价未触及输配电环节“制度成本”，获得电力成本仍然偏高。

4.新能源和分布式发展出现制度束缚，阻碍国家2030年碳减排目标的实现。

（二）本轮电改的四点反思

1.本轮电改仅局限于优化机制而没动体制，改革既难以推动也无法持续。

2.政府和电网公司关于电网管理事权划分存在“天平失衡”。

3.将电网央企定位于“商业类”，不利于培育电力市场体系和电力新生态，不利于顺利推进电力体制改革。

4.以安全为由反对电网管理体制改革有悖于总体国家安全观。

三、对策建议

（一）建立跨部门的电改联席会议制度，使电力行业改革和电力国企改革形成合力

建议：①建立由国务院领导牵头、深改办、发改委、能源局、国资委、中编办、财政部参与的国务院部际联席会议制度，统筹推进电力行业改革和电力国企改革，特别是具有绝对垄断地位的电力央企的改革；②整合电力投资、价格、运行、能源等监管职能，按照国际通行标准配备必要的监管力量和财务预算；③合理分配中央和地方管理权力，更多调动地方积极性，以深入贯彻“放管服”改革和优化营商环境。

（二）成立独立的“国家输电公司”，并明确其公益性质

建议选择资产界面清晰的跨省跨区输电资产作为切入口，实施输配分开，避免无休止争论。具体而言：①可借鉴中国铁塔公司和国家

油气管网公司成功经验和做法，剥离国家电网公司的跨省跨区输电资产，成立“国家输电公司”并参照国发〔2002〕5号文中对“国家电网公司”的职责定位；②“国家输电公司”归为公益性国有企业一类，可引入社保、养老基金等长线资金实施股权多元化改制；③配套制订“国家输电公司管理条例”，对“国家电网公司”实施“法定机构、特许经营”管理模式；④探索“国家电网公司”和国家油气管网公司交叉持股及进一步整合的可行性。

（三）推进电力调度、交易中心独立规范运行

建议现有国家、区域、省三级调度机构，北京、广州交易中心和各省份的交易中心资产和人员，划归“国家输电公司”并实现独立规范运营，由国家能源局及其派出机构主管，参照证监会对证券和期货交易所的模式实施监管。建议的可操作性在于：①调度、交易中心和国家电网公司其他业务界面清晰，利于整体切割划归；②局面稳定可控；③运行安全可控；④现有的国际化战略不受影响。

（四）推进省地两级配电网股权多元化，县级配电网继续推进增量改革

继续沿袭电网央企“一竿子插到底”的管理体制，不利于电力更好地为地方经济社会发展提供支持和服务，应充分相信地方政府的管理能力及其与中央保持一致的政治站位，分配好中央和地方电力管理事权。为了真正实现“中间”（地方政府）管住“中间”（地方配电网），建议：①由省级政府主导，整合国家电网公司、南方电网公司在省地两个层次的公用配电网与现有地方电力的公用配电网，采取主要领导由地方政府任命、业务由电网公司指导的央地共管模式，引入地方和社会资本，成立股权多元化的省地两级配电资产管理公司；②加大增量配电改革力度，通过增量推存量，将县域范围内营业区交叉的多家供电

企业(含转供电企业),以各方现有配电资产(含用户配电资产)比例为基础,组建县级混合所有制供电公司;③鼓励发电企业进入配售电领域,即通过推动发电企业直供大用户,既放开两头,又让两头融合,以充分发挥市场作用来调节电力用户、电企、电网之间的供需矛盾,提高发电机组利用小时数,开拓更大的用电市场。

第四节　把握好增量配电改革的站位

一、增量配电改革的总体进展

按照 9 号文件部署,国家发改委、国家能源局于 2016 年 11 月发布了《关于规范开展增量配电业务改革试点的通知》,推进了增量配电业务改革。在政府部门、电力企业、试点园区以及社会各界的共同努力下,改革在困境中砥砺前行。根据中国能源研究会配售电研究中心和华北电力大学国家能源发展战略研究院联合发布的《2022 年度增量配电发展研究白皮书》,2016 年 11 月至 2022 年 10 月 31 日,国家发展改革委、国家能源局分五批次共批复试点项目 483 个,其间取消 24 个,剩余 459 个(第一批 94 个,第二批 88 个,第三批 114 个,第四批 84 个,第五批 79 个),部分省份和新疆生产建设兵团的申请情况见图 4-2。

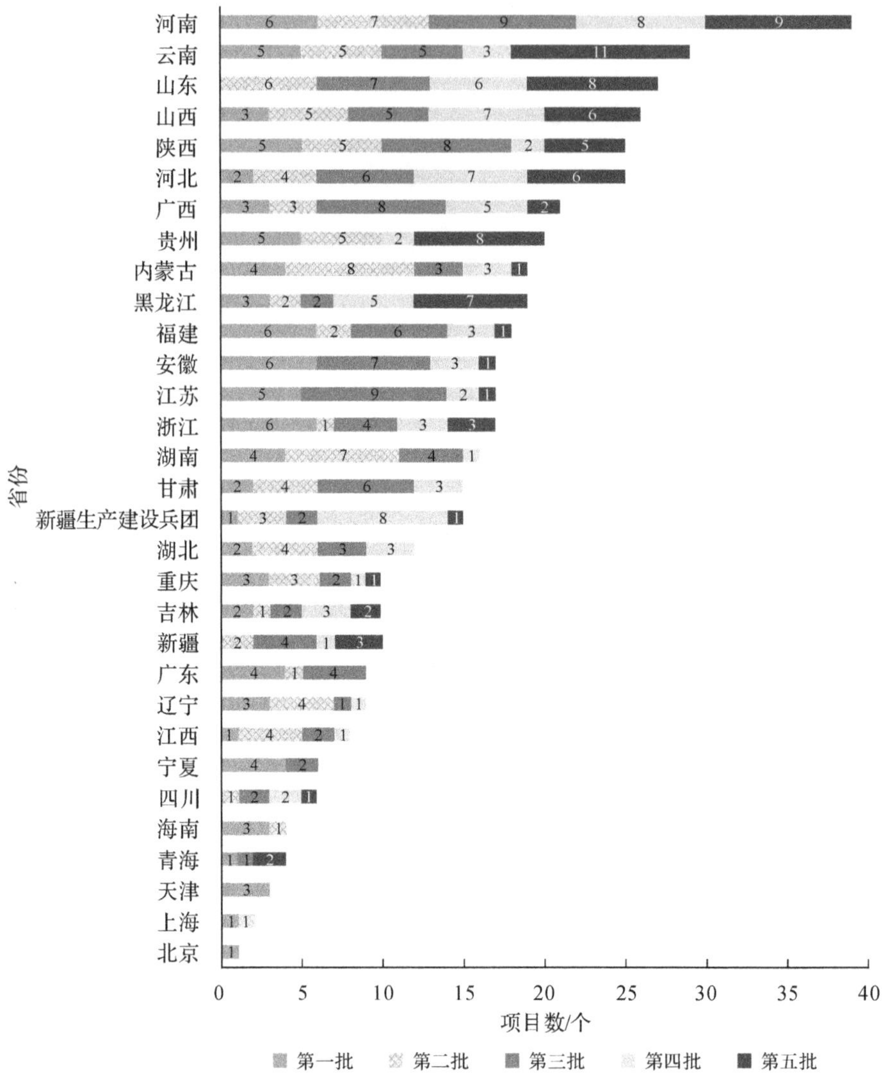

图 4-2 增量配电改革的部分省份和新疆生产建设兵团申请情况

2016 年 10 月至 2022 年 10 月 31 日，国家发展改革委、国家能源局发布增量配电改革专项文件共 25 份，见表 4-3。

表 4-3　增量配电改革国家层面的相关文件

文件名称	发布时间
有序放开配电网业务管理办法	2016-10-08
关于规范开展增量配电业务改革试点的通知	2016-11-27
关于同意开展宁东增量配电业务改革试点的复函	2017-03-31
关于云南增量配售电业务改革有关问题的复函	2017-05-05
关于请报送第二批增量配电业务改革试点项目的通知	2017-07-20
关于规范开展第二批增量配电业务改革试点的通知	2017-11-21
关于加快推进增量配电业务改革试点的通知	2017-11-30
关于制定地方电网和增量配电网配电价格的指导意见	2017-12-29
关于印发增量配电业务配电区域划分实施办法(试行)	2018-03-13
关于规范开展第三批增量配电业务改革试点的通知	2018-04-25
关于规范开展第三批增量配电业务改革试点的补充通知	2018-06-25
关于简化优化许可条件、加快推进增量配电项目电力业务许可工作的通知	2018-07-11
关于开展增量配电业务改革试点督导调研的通知	2018-07-28
关于对增量配电业务试点项目进展缓慢和问题突出地区进行约谈的函	2018-09-28
关于对部分省增量配电改革试点进展情况进行约谈的函	2018-10-08
关于增量配电业务改革第一批试点项目进展情况的通报	2018-10-09
关于建立增量配电业务改革试点项目直接联系制度的通知	2018-11-16
关于请报送第四批增量配电业务改革试点项目的通知	2018-12-19
关于进一步推进增量配电业务改革的通知	2019-01-05
关于印发增量配电业务改革试点项目进展情况通报(第二期)的通知	2019-03-21
关于开展增量配电业务改革试点调研活动的通知	2019-03-26
关于规范开展第四批增量配电业务改革试点的通知	2019-06-21
关于取消部分地区增量配电业务改革试点的通知	2019-10-24
关于请报送第五批增量配电业务改革试点项目的通知	2019-10-28
关于开展第五批增量配电业务改革试点的通知	2020-08-21

按照规划编制、业主确定、供电范围、许可申请等重要环节分析现有试点项目进度,截至 2022 年 10 月 31 日 328 个试点项目完成规划编制,358 个试点项目完成业主确定,249 个试点项目确定供电范围,217 个试点项目完成许可申请,取得电力业务许可证(供电类),如图 4-3 所示。

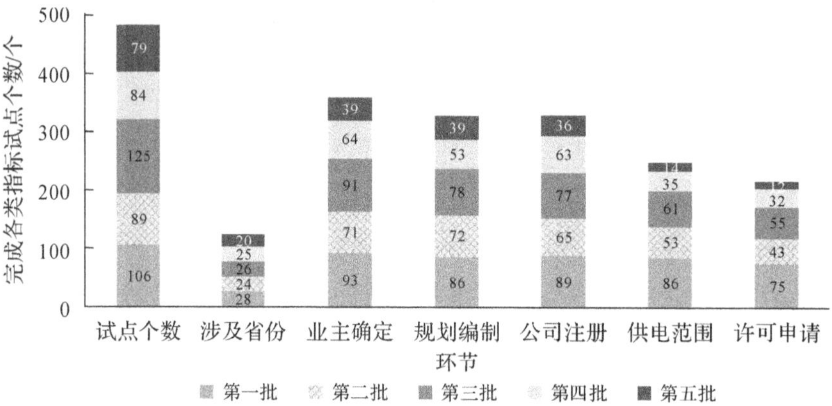

图 4-3 增量配电改革试点分环节进展

按照省份分析其重要环节进度,如图 4-4 所示。

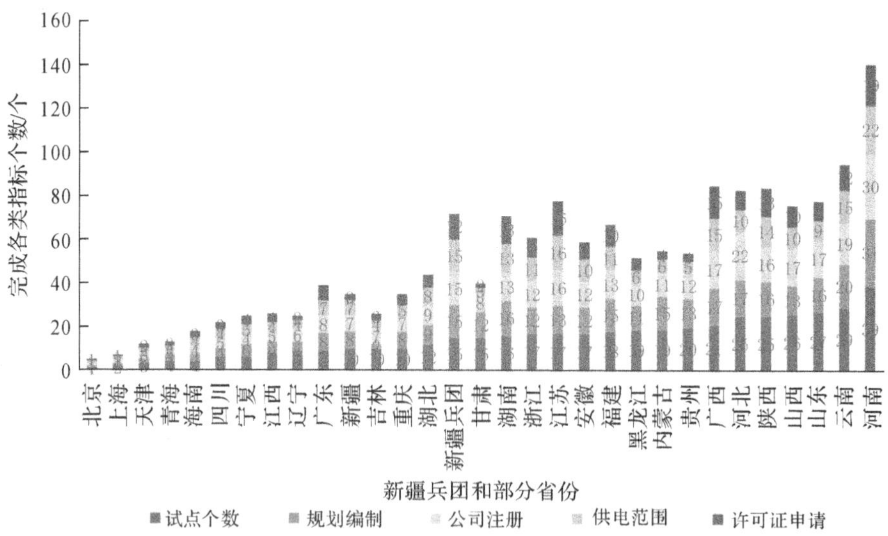

图 4-4 增量配电改革试点各环节新疆兵团和部分省份进展

二、增量配电改革要确立理想、坚守底线

正如同一个已经上学的孩子要建立基本的是非观、确立远大的理想和要坚守的底线，那么对于已满几岁的增量配电改革，重要的是要确立三个理想、坚守三个底线。

(一)三个理想

第一是要让每一个增量配电项目拥有充足的可调电源。出于某些原因，增量配电想要获得一个电源很难，甚至在一些地方被视为红线，这是不正常的。承认增量配电是电网，网内拥有自己的电源是天经地义的，不仅要有，还要品类多、应有尽有，要充足，分散式风电、分布式光伏、小水电、生物质、燃机热电冷，各类储能、资源综合利用等。配电内的可调电源不是自备电厂，而是不折不扣的公用电源；当然如果网内有真正的用户自备电源，也要尽可能作为可调电源，友好地余缺互济。

第二是每一个增量配电都要有自己的调控中心。从基本的配网调度、监控中心起步，逐步走向整合用户用电用能管理的、源网荷储一体、热电冷一体的综合能量管理中心，集成需求响应资源参与大市场。由此引申一点，增量配电不仅必须有自己的调控中心或综合能量管理中心，还要有自己的交易中心，这样关于能源互联网的各种先进生产力才可以培育起来。

第三是将增量配电的价格制定和调整权赋予同级政府。园区增量配电价格就可以由园区管委会来管，可以和配电业主商量着办，在特许经营合同中明确。“谁家的孩子谁家抱”，增量配电往往是其所在地招商引资和优化营商环境重要的抓手，所在地政府和配电业主最了解怎样在近期和长期的困难和收益中寻求平衡和可持续性，而不必让

上一级或者上几级的物价部门来操心。当然关于增量配电与省级电网之间的结算价格机制，特别是基本电费如何分割、以前的趸售电价如何切割成购电和输配电价，需要上级价格部门出政策，现在可能是到了国家发改委出意见的时候了。

（二）三个底线

一是不能大用户化，二是不能趸售化，三是不能供电局、供电所化。符合条件的大用户可以转化为增量配电，但增量配电绝不能沦为大用户；存量的趸售区域要尽可能转化为增量配电，但增量配电绝不能沦为趸售区域；最终现有供电局都要转化为增量配电，但增量配电绝不能变成现有供电局。

这三个底线和前面三个理想是相互联系的。现在有一股强大的力量要把增量配电牢牢摁在大用户或趸售区域的定位上，或者把增量配电收编成一个供电局或者降格为供电所。如果前面三个理想不能实现突破，那么增量配电迟早会成为或者事实上就是大用户、就是趸售县、就是供电所。这里面既要改革部门和地方政府下更大力气，也要防止一些条件好的增量配电业主“小富即安”，在一些小的灰色利益里面甘之如饴，乐于做大用户、趸售县和供电所。

三、增量配电改革要提升站位

为了实现这三个理想、守住这三个底线，增量配电改革要提升三个站位。

（一）致力于整个供电环节的主体多元化

这是实现“管住中间、放开两头”体制架构的前提。只有在市场主体多元化的情况下，放开两头才可能实现。从 20 世纪 80 年代“多家办电”到后来“厂网分开”，可以说前 40 年电改主要在发电侧，实现了发电主体多元化，有效解决了我国缺电问题。下一步电改就要进一步实现供电主体的多元化，直接在用户端释放改革红利。一个供电营业区只要一个供电主体，但不同的营业区可以有不同的供电主体，这就是多元化。

这里有几个问题值得思考：第一个问题是对多元化的认识。到底有没有必要搞多元化，多元到什么程度为好。多元化是否必要，这是一个改革的根本性问题，市场的决定性作用和打破垄断引入竞争的改革方向已明确，没有多元市场主体，就无从搞市场、无从谈竞争。按理说在这个问题上不应该再困惑、糊涂和质疑，但改革推进过程中，从我们的调研来看，确实还是有不一致的声音，而且这些声音还很多、很大。从微观和局部层面来看，新的主体的引入，确实会增加一些成本，而且新的主体对比原有主体，无论从技术、人才，还是安全和成本控制等方面，往往确实都会存在许多劣势，尤其在得不到应有的扶持的情况下。那么为什么还要费力引入和培育新的主体，为什么不直接让一个主体一统天下去获得规模优势、技术优势和成本优势呢？在理论上，这是一个永恒的问题，关于企业和市场的边界、垄断和竞争的边界，产业经济学和制度经济学一直在探究。我们只能说，在实际中，要么是局部微观层面的这些好处远远赶不上整体宏观层面的坏处，要么是其他方面的坏处大大超过了这些方面的好处，或者是这个主体做不到把这些好处分享给社会，才使得大家下决心打破这一模式、抛弃这一模式。所以，按理说，这个问题已经在多个领域的改革中，包括电信、邮政、民航等，也包括发电改革中，争论过和验证过了，虽然可以在局部和微观中找出许多主体多元的缺点、坏处，但宏观总体的优点、好处是有目共睹、毋庸置疑的。同时这一问题也在多个纲领性文件中得到了回答，我们应该把思想统一到党中央、国务院决策部署上来，而不应该有不必要的困惑和摇摆，也不应该在改革执行过程中还有过多对当初改革为什么要出发的质疑和挑战。在这些质疑和挑战的声音中，有一个很典型的说法就是把增量配电改革称为“破碎式”改革，认为这样恰恰有损效率和安全。有意思的是，这种说法在上一轮发电放开和分离的争论中也被反复用到，但现在回过头来看，发电环节“破碎”（多元）后，效率和安全从总体上来说不是降低了，而是大大提高了。

第二个问题是如何对待已有多元供电主体。如果我们认同推进增量配电改革就是要构建多元化供电主体，那么有个重要的问题就是对于那些业已存在的独立供电主体，包括地方电网、园区和独立工矿自供区，是否应该“保护”起来，并尽可能逐步将其转化为增量配电？但现实情况是，在推进增量配电改革的过程中，许多原有独立供电主体被接收了，且大部分是采用无偿划转的方式。我们的意见是，即使要被接收，也尽量要结合国企改革，建立多元股权治理结构，颁发电力业务许可证（供电类），成为一种新型供电主体，而不是简单被吸收。这里顺便说一句，对于增量配电中由电网企业控股的项目，其主体也应作为独立供电主体，保证财务、运营和法律上的独立性，而不能被简单并表纳入电网企业作为一个新的供电局，这样就失去了改革的意义。

第三个问题是对于这些已有的和新生的多元供电主体是否应该有一定的倾斜政策？是否应该引入一定的“特区”思维来推进试点？这是一个通用的改革方法论，在国际上被普遍采用。譬如规定原有供电和售电主体不能降价争夺客户，它们执行确定的价格，称为“price to beat”，而只允许新进入主体降价吸引客户（类似我国邮政快递放开的时候，EMS 不能随意降价一样）；监管机构定期公布用户转换情况，掌握倾斜政策的力度。目前的现实是试点项目包括原有独立供电主体，非但没有倾斜保护政策，反而是处处受到约束，被牢牢“围困”而步履维艰：譬如电压等级牢牢限制在 110 千伏及以下（虽然配套文件不是这么规定的)，跟外部电源的连接被视为红线或高压线，农网改造的贷款主体身份，价格管理权无法下放到同级政府从而无法采用更加灵活弹性的价格体系，等等。总之，改革部门应尽可能给它们松绑，让它们活得下来、活得更好，让更多的社会资本争相做改革的先驱，这样才能积累起改革的势能和动能。

(二)致力于让地方政府作为改革的主体，进一步深化政企分开

当供电主体逐步多元、政企分开进一步实现之后，全新的基于特许经营的供电监管体系有可能会水到渠成。国发〔2002〕5号文确定的电改“四个分开”到现在，厂网分开做得比较好，主辅分离做了一部分，政企分开在形式上初步实现了，但在实质内容上无论从中央到地方都还没有真正实现。在这次增配改革中，明确地方政府作为改革的责任主体，从配电规划、供电营业区划分、增配业主的选择到增配价格机制的确定，都明确了地方政府的主导权，这是推进政企分开的一个进步。这里蕴含三个方面的重要变化：一是对供电营业区有一个重新认识。由于现有电力管理体系是从政企合一的体制中走过来的，供电营业区被默认为由电网企业按行政区划自然承袭，增量配电改革则打破了这一认识。二是在供电营业区的划分上，确定了以资产归属为划分依据的原则，这可能会有一个深远的影响，由此可能撬动一个和电网企业资产规模相当的外部存量配电资产。三是地方政府在增量配电改革中承担主体责任，突出了供电作为地方公用事业的属性，也有可能使得供电环节的管理更多地从中央转移到地方，为下一步电力能源管理央地事权优化做好探路。

通过增量配电改革，出现了越来越多新的供电主体，地方政府有权授予增量配电经营主体供电特许经营权，还可以收回经营权，从法理上确立委托代理关系。这样，从政企合一，到政企分开、行政许可，再到特许经营，政府和企业、政府和市场的关系理得越来越顺，各种新

型的激励式监管模式都可以由各地创新性地实施，并进一步从增量向存量推广，实现国家治理体系现代化在电力行业的落地。

（三）致力于实现市场化、制度化、可持续地降低用户用能成本

不可否认，降成本是几乎所有地方政府推增配改革的第一动力，但实际上，降低用能成本这一目标是在前两个目标实现之后必然的结果。在改革推进过程中，有不少地方采用了一些简单粗暴、杀鸡取卵、竭泽而渔的做法，其结果是对电改和地方经济都造成了损伤。几年下来，大家越来越深刻地认识到，只有着眼长远，以增量配电为入口和平台，培育好专业化、市场化的配售电主体和用户能源服务主体，培育好能源服务和能源互联网新业态，维护好兼顾效率和公平的市场生态，才能真正长久持续地为用户优化控制好用能成本。

总的来说，增量配电改革不是为了引进一拨跟现有供电局一样的供电局、供电所，也不是把它们变成大用户、变成趸售县，而是要以此为支点，撬动供电主体的多元化，撬动新的配售电生态模式，撬动基于特许经营权的新型监管体制机制，并进一步撬动存量配电股权多元化和混合所有制改革，撬动能源服务和能源互联网新业务新业态，推动能源革命。改革主管部门要旗帜鲜明地阐明增量配电改革进一步的政策目标，这样才能统一思想、积聚力量、增强社会资本和相关各方参与改革、推动改革的信心和决心。

第五章　健全现代电力市场体系

第一节　现代电力市场体系构成

一、新时代对现代化经济体系提出了新的要求

从基本实现现代化，再到全面建成社会主义现代化强国，是新时代中国特色社会主义发展的战略安排。要实现这个宏伟目标，必须牢牢把握经济建设这个中心，建设一个与实现这个目标要求相适应的经济体系，这就是现代化经济体系。

现代化经济体系，是由社会经济活动各个环节、各个层面、各个领域的相互关系和内在联系构成的一个有机整体，包括创新引领、协同发展的产业体系，统一开放、竞争有序的市场体系，体现效率、促进公平的收入分配体系，彰显优势、协调联动的城乡区域发展体系，资源节约、环境友好的绿色发展体系，多元平衡、安全高效的全面开放体系，以及充分发挥市场作用、更好发挥政府作用的经济体制等七个方面的内容。

成熟的市场经济体制要求市场体系具有统一健全、对外开放、公平竞争、规范有序等重要特征。所谓统一健全,是指市场在构成上是健全的、在空间上是统一的,不存在行政区域分割和限制自由流动等问题;所谓对外开放,是指市场体系在国与国之间是非封闭的,对国外商品和要素进入和流出都不具有壁垒和障碍;所谓公平竞争,是指市场体系运行中各种经济主体地位是平等的,在机会、程序等方面是公平的;所谓规范有序,是指市场体系竞争活动具有有序性和规范性,存在有效防止各类垄断和不正当竞争行为的规则。因此,概括而言,符合现代化经济体系要求的市场体系应该具有统一开放、公平有序的特征。

二、与现代化经济体系相适应的现代电力市场体系

反观我国目前的电力市场建设,虽然取得了一定成效,但并不能全面适应和满足现代化经济体系的要求:一是省间壁垒严重,阻碍了电力资源在大范围内的有效配置,无法促进各个区域发挥比较优势、有效分工;二是绿色发展动能不足,缺乏有效引导清洁能源持续发展、参与市场的机制设计;三是忽视了电力的商品属性与准公共品属性之间的关联,未将电力市场建设与普遍服务、保底服务统筹考虑;四是政府的职能转变不到位,在电力体制改革中存在错位、越位、缺位现象。

据此,我们提出与现代化经济体系相适应的现代电力市场体系,以市场主体、交易对象、交易类型等市场要素为核心,以市场竞争机制、兜底服务机制、绿色发展机制和区域协调机制的协调统一为发展方向,以电力产业体系为基础,以相应的政府管理体制为保障,如图 5-1 所示。

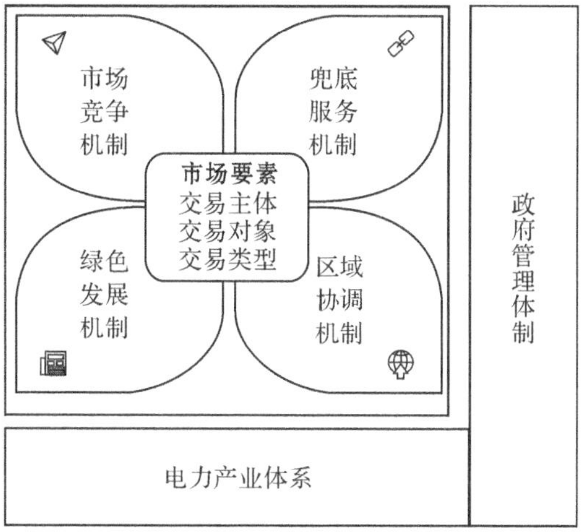

图 5-1　现代电力市场体系示意

现代电力市场体系是我国现代化经济体系的重要内容和组成部分。现代电力市场体系中，市场竞争机制、兜底服务机制、绿色发展机制和区域协调机制的内涵如下。

市场竞争机制是现代电力市场体系配置资源的主要机制，是实现电力商品和要素自由流动和平等交换，实现电力工业高质量发展的微观基础。好的电力市场竞争机制应该能够实现电力企业自主经营、公平竞争，电力消费者自由选择、自主消费。由于目前电力仍不能大量储存，电力供需应实时平衡，所以电力竞争机制要遵循市场经济的一般规律和电力工业的特殊规律。衡量市场竞争机制的根本标准是资源配置的效率。

兜底服务机制是现代电力市场体系的平衡机制。与市场竞争机制突出解决电力的“商品”属性相对应，兜底服务机制主要解决“准公共品”属性，目标是为推进基本公共服务均等化和逐步实现共同富裕作出贡献，这是由我国社会主义制度决定的，也是中国现代化经济体系的重要标志。兜底服务重在电力消费侧，电力普遍服务、电力保底服务等都具有兜底服务功能。

绿色发展机制是绿色发展理念对电力市场体系的新要求，是现代电力市场体系的生态环境基础和约束、激励机制。实现绿色循环低碳发展，需要更加关注清洁低碳能源，在规则上差异化对待化石能源，在制度上有效衔接碳交易市场、绿证交易机制。通过将“绿色化是成本”的观念和现象，内化为收益、福利和财富，形成人与自然和谐发展的现代市场建设新格局。

区域协调机制是现代电力市场体系在空间布局方面的体现，是电力市场子体系或亚体系之间的互动机制。我们正在推动的第三代电力系统，特点是基于可再生能源和清洁能源、骨干电网与分布式电源结合、主干电网与局域网和微网结合，是可持续的综合能源电力发展模式。区域协调机制重点，一是以打破“省间壁垒”为核心的区域市场机制，二是以鼓励“隔墙售电”为核心的分布式交易机制。

市场竞争机制、兜底服务机制、绿色发展机制和区域协调机制四个方面，有效衔接、互为支撑，才能形成统一开放、竞争有序的现代电力市场体系新格局，其内在关系见图 5-2。

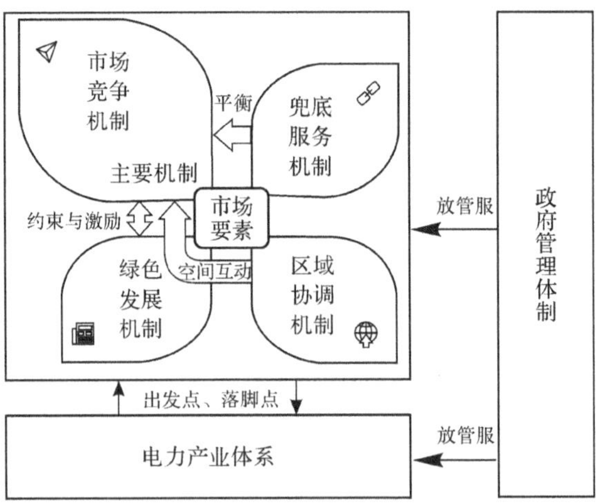

图 5-2 现代电力市场体系的内在关系

现代电力市场体系建设必须处理好其与电力产业体系的关系。当前能源系统正在加速变革，电力行业正在转型升级和提质增效。构建现代电力市场体系，必须把建设创新引领、协同发展的电力产业体系作为出发点和落脚点；构建现代电力市场体系，必须立足于解放生产力，而不是束缚生产力。

现代电力市场体系建设必须处理好其与政府管理体制的关系。现代电力市场体系建设，离不开政府法治化的支撑，调整政府和市场间的关系，是其体系建设的首要前提。更好发挥政府作用，重要内容是"放管服"，标准是不缺位、不越位、不错位，建立和完善权力清单、负面清单和责任清单三大制度。同时，"放手"而不"甩手"，政府应当为市场活动制订规范，纠正市场失灵，为市场发挥作用提供良好制度环境。

第二节　现代电力市场体系建设重点内容

一、电力市场的范畴涵盖电能量市场、辅助服务市场，输电容量市场属于可选项，发电投资市场[①]必须引起高度重视

电能具有商品和公益两重属性。不同的时期，人们对这两重属性的认识和需求不同，选择的电力体制模式也不同。改革开放以来，特别是2002年以来，伴随着电能商品属性的恢复，过去附加在电能生产、传输、使用诸方面的限制逐步取消；电力系统更加开放，电力市场

---

① 发电投资市场解决的是发电装机规模问题，尽管容量与辅助服务的备用（特别是长期备用）紧密关联，但辅助服务更关注短期的电力系统运行，发电投资市场更强调站在中长期电力规划和电力充裕度视角。

的内涵加深，外延逐步扩大并呈现相对稳定的态势。

用户对电能的持续和多样化需求，对应不同的市场品种，首要的是电能量市场。电力是有品质的，包括电压、频率等，而电力的供需又要求实时平衡，因此衍生出了包括调频、调压、备用等在内的辅助服务市场。电力是一个巨型的人造互联网络，发电与用电之间是容量有限的输配电线路，显然电能传递会受到物理规律制约，于是衍生出输电容量市场，或者技术性地称为阻塞管理。这三类市场在各地的市场规则设计中，得到了较为普遍的认可与重视。按照渐进式改革的思维，从轻重缓急的角度讲，放开发电计划就需要电能在市场中交易，所以电能量市场建设最为急迫。辅助服务没有市场前有电力调度机构的强制调配和“两个细则”[①]考核，输电容量市场（阻塞管理）有了电能量现货市场才会细致地被提及。

（一）关于辅助服务市场

我国结合实际，采用问题导向原则着手建设。2016 年 10 月国家能源局批复东北区域作为首个电力辅助服务市场专项改革试点以来，又陆续批复了福建、山西、新疆、山东、宁夏、广东、甘肃 7 个试点。随后各试点地区能源监管派出机构相继发布了适应本地实际情况的辅助服务市场运行规则。由于现阶段我国电力辅助服务市场中对调峰的需求较大，多个试点地区电力辅助服务市场建设均从调峰市场起步。取得批复的八个试点中，东北、福建、新疆、宁夏、甘肃辅助服务市场主要为调峰，广东辅助服务市场主要为调频，山西、山东辅助服务市场为调峰加调频。截至 2019 年，八个试点中东北、福建、山西、甘肃电力辅助服务市场已正式运行；山东、宁夏已开展试运行；新疆、广东在

---

① 依照《发电厂并网运行管理规定》和《并网发电厂辅助服务管理暂行办法》文件精神，各地制定的《发电厂并网运行管理实施细则》和《并网发电厂辅助服务管理实施细则》，业内简称“两个细则”。

开展模拟运行。各试点具体的辅助服务交易品种见表 5-1。

表 5-1　辅助服务市场试点地区的交易品种

试点区域	自动发电控制(AGC)	有偿调峰	备注
东北		√	包括实时深度调峰、火电停机备用、可中断负荷调峰、电储能调峰、火电应急启停调峰、跨省调峰等交易
福建		√	包括深度调峰、启停调峰、用户侧参与调峰、可中断负荷调峰、电储能调峰交易
山西	√	√	现阶段开展调频和调峰市场交易,有偿无功调节和黑启动暂按照“两个细则”执行
新疆		√	包括实时深度调峰、调停备用、可中断负荷、电储能等交易
山东	√	√	包括有偿调峰和自动发电控制交易
宁夏		√	包括实时深度调峰、调停备用、可中断负荷、电储能等交易
广东	√		针对调频资源过剩开展调频市场交易
甘肃		√	包括实时深度调峰、调停备用、可中断负荷、电储能等交易

对于电能量市场与辅助服务市场的衔接问题,理论上,市场中平衡电能和平衡辅助服务的边界并不非常清晰。对于调频、备用等辅助服务品种,市场竞争过程中,起决定作用的驱动要素是机会成本。但问题是,一方面,年度电量计划存在,另一方面,没有现货市场依托,既缺乏实时价格,又不影响发电机组的发电量,所以发电机组无法估计机会成本。在这种情况下,辅助服务竞争能否较长时间内独立存在成为有争议的问题。以调频市场为例,发电企业既判断不出机会成本,也很难评估出设备损耗等运营成本的变化,所以导致“以结果定策略”的竞争模式,即领导期望参与就低价竞标,不期望参与就高价弃标的现象。

我们认为:①调峰辅助服务市场是中国部分地区针对可再生能源弃风限电严重、与供热不可衔接等问题而创新采取的一种实用化的妥协方法，因其可以解决问题，故应允许调峰辅助服务市场独立存在；②在双轨制条件下，调频、备用等辅助服务成本较难估计，在市场初期组织竞争理论依据不充分。参考国外集中式市场经验，建议包括调频辅助服务在内的辅助服务品种，应在现货市场统一设计、统筹考虑。当前一段时间，建议调频、备用辅助服务品种仍按照“两个细则”执行补偿返还机制。

（二）关于输电容量市场

在“管住中间”的体制架构下，输配电系统的规划权限在政府，但投资建设的主体责任在电网企业。没有输电容量市场，输配电的投资建设的机制总体上也是畅通的。建设输电容量市场的目的，一是使用有偿化和规范化，二是投资的方向性更加明确，从而使资源配置更有效率。

从投资角度讲，电力需求不断增长（至少中国可见到 2035 年仍然如此），电网必须不断扩张，发电装机规模必须跟上。电网建设依赖输配环节监管的激励与约束，为了在市场竞争环境下适度激励企业投资建设必需的发电容量，亟须培育发电投资市场。

（三）关于发电投资市场

发电投资市场设计比较复杂，世界各国做法不一，比如英国实行容量拍卖机制。容量扩张机制涉及与实现非化石能源占比国家目标的政策衔接，可能涉及发电厂上网电价由单一制向两部制电价体系转变。由于近年来经济下行压力较大、供需矛盾不突出，发电投资市场还未真正进入政府部门的视野。

受生产经营困难、发展理念转变等多重因素影响，当前国有发电集团已经对投资传统燃煤电厂失去了兴趣。非化石能源类的核电站、常规水电站、抽蓄电站的建设周期普遍较长，发电投资市场问题应该在市场体系设计时明确提及，以有利于市场与规划、建设的有机衔接。从传统计划经济下的明确年度发电利用小时数，到当前的不包电量不管价格，应当折中地给出持久性的政策框架。建议立即着手研究，针对新增常规电源在未来建立发电容量市场①或容量补偿机制，框架模型见图5-3。

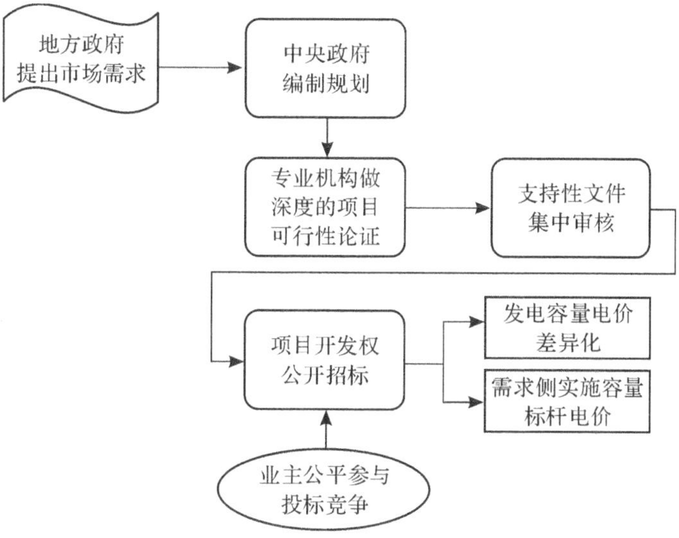

图5-3　发电容量市场模型

二、电力产业组织形式从单一买方模式发育到批发竞争和零售竞争模式，即将铺开的新零售竞争模式内涵更加丰富

电力系统产业组织形式除了计划经济下的垂直一体化模式，还有竞争模式，包括单一买方模式、批发竞争模式和零售竞争模式三类。2002年提出的“厂网分开、竞价上网”，基本模式就是发电厂作为卖电方竞争、电网公司作为唯一购电方的单一买方模式，如图5-4所示。

---

① 赵风云和韩放提出的容量市场的思路，招标确定项目开发权和容量电价，我们认为总体是可行的。赵风云，韩放. 建设四位一体的电力市场机制. 中国电力企业管理，2016(19)：49-52.

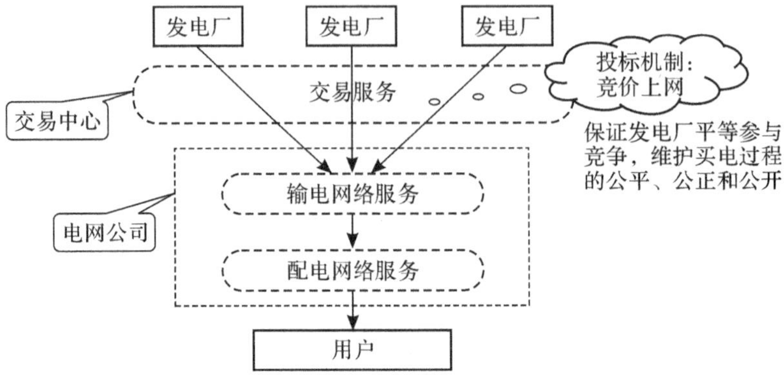

图 5-4 单一买方模式

大用户直购电属于批发竞争模式的简化版本，如图 5-5 所示，大用户能够和发电厂双边(多边)协商电能的价格，不过因为输配一体化，配供电公司并没有与发电厂开展这类交易。

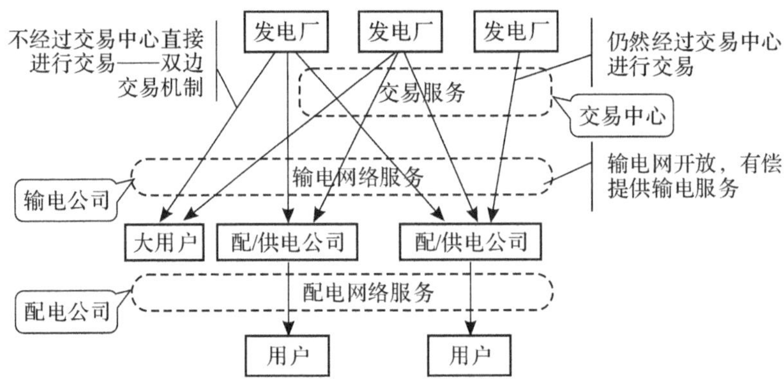

图 5-5 批发竞争模式

“管住中间、放开两头”的体制架构，开放了零售市场，属于典型的零售市场模式，如图 5-6 所示，理论上使得各类用户都能够与售电公司(零售商)进行谈质论价，售电公司再从批发市场中购买发电厂的电能。

提出电力产业组织的新零售竞争模式，如图 5-7 所示，主要是在零售竞争基本态势下，新兴生产力期望生产关系发生调整。

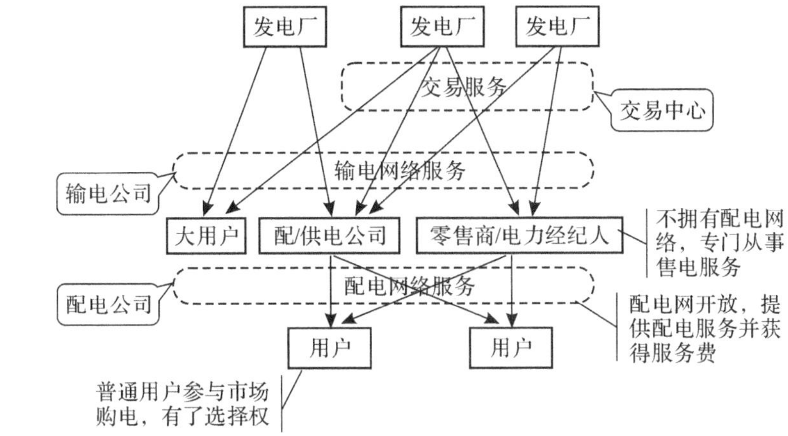

图 5-6　零售竞争模式

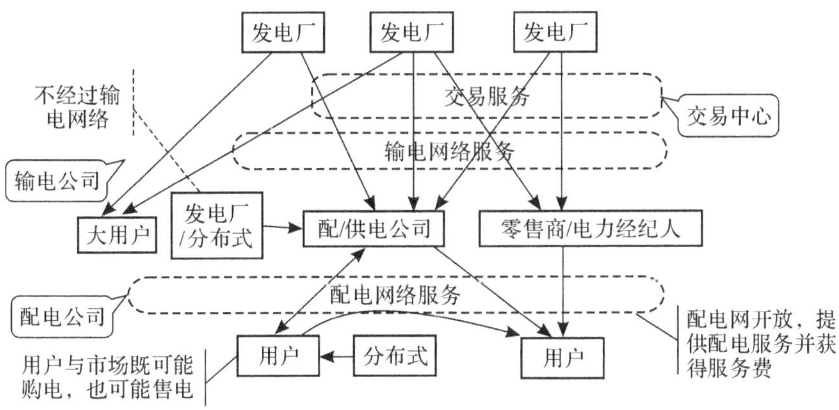

图 5-7　新零售竞争模式

(一)分布式发电市场化交易的需求

国家发改委与国家能源局在 2017 年 10 月下发了《关于开展分布式发电市场化交易试点的通知》，开始组织分布式交易试点。就近利用清洁能源资源，就近完成能源生产和消费，具有能源利用率高、污染排放低等优点，分布式发电代表了能源发展的新方向和新形态。在智能电网配合下，用户既是电能消费者也可能是电能生产者，传统单向的电力流和资金流转变为双向和多向。这部分电能不来自批发市场，不经过输电网传输。

（二）发配售一体化经营方式的长期存在及局域电网持续探索

历史上一些地方电力公司在部分趸购大电网电能外，长期保持发配售一体化的运营模式，电能成本低，服务水平适中，很好地适应了地方经济发展的需要。近几年蒙东霍林河、广西百色等地持续探索局域电网模式，虽然争议较大，但特点鲜明。这种基于城市级别的局域电网内存在冷热电多联供综合高效机组，存在调度机构，发配一体或发配售一体，抑或发配售之间财务相对独立。

（三）一般商品领域零售模式的迭代创新

2016 年 11 月，国务院办公厅印发《关于推动实体零售创新转型的意见》（国办发〔2016〕78 号）支持零售创新转型。零售新模式下，企业以互联网为依托，运用大数据、人工智能等先进技术手段，对商品的生产、流通与销售过程进行升级改造，进而重塑业态结构与生态圈，并对线上服务、线下体验以及现代物流进行深度融合。

与传统零售模式相比，新零售模式中的市场主体更加多元化。用户既是购电方，也可能是售电方；发售一体、发配售一体等电力公司也是市场主体。依托互联网新业态，新型市场主体还会不断涌现。零售市场中的交易形态更加丰富，不仅是用户向供电公司或售电公司买电，也包括用户向供电公司卖电，以及用户之间的频繁交易。

当然，新零售竞争模式对配电网运行技术及安全性也提出了挑战，需要智能的电网控制、保护系统，智能输变电设备和网络的自愈，以及适应源—荷随机变化的集中—分散智能型调度。

三、成熟市场需要现货交易和金融衍生品交易，但应允许部分地区较长时期内仅开展中长期交易，开展现货的地区应迅速设计金融产品

对于电力市场体系的规划和设计，由于零售环节的电力技术属性和“专业性”相对较弱，因此社会各界和市场主体更多地聚焦在电力的批发环节上。

（一）现货交易、中长期交易和金融衍生品交易和谐共生

发达国家的电力市场中，现货交易、中长期交易和金融衍生品交易都存在且和谐共生。中国若瞄准建立现代电力市场体系的目标，则也不会例外，但就中国推动电力市场的进程，三者的共生关系需要专门研究。9 号文件及配套文件也提出“具备条件的地区逐步建立以中长期交易为主、现货交易为补充的市场化电力电量平衡机制；逐步建立以中长期交易规避风险，以现货市场发现价格，交易品种齐全、功能完善的电力市场”。

中长期交易包含多年交易、年度交易、月度交易和多日交易。中长期交易往往是发电和用户双边直接协商实现，也存在集中撮合的形式。发电企业与电力用户中长期交易的最直接价值在于发用双方能够稳定自己的市场及价格预期，进而合理安排自己的生产和销售计划。对于原料和产品“两头在外”的大用户而言，风险厌恶型的居多。如果中长期交易电量占比比较高、价格合理，用户会比较满足于参与中长期交易。当然，用户无法计算清楚自己的全部电量，这类用户也不是全部，否则现货交易的活力就明显不足，电力的时间价值反映也会不充分。

根据电力生产安排的特点，现货交易包括日前交易、日内交易和实时交易（平衡机制）。现货交易存在的电力背景一是电能不能大量储存，电能的生产、输送、分配、消费同时进行；二是电力负荷预测的不

准确性，因为用户用电具有随机性，风电和光伏发电等可再生能源虽大规模接入但出力具有随机性、波动性；三是电力日负荷曲线峰谷特性明显（见图 5-8），峰谷时段的供需差别大，存在显著的时间价值。

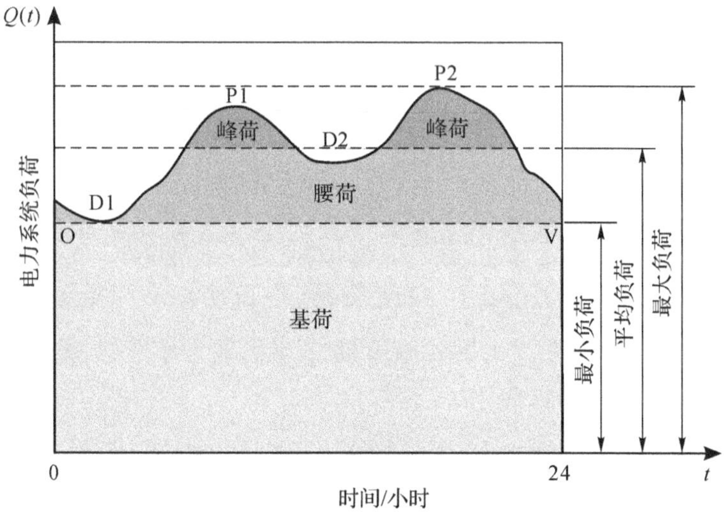

图 5-8 电力日负荷特性

市场是一种帮助买卖双方进行协商并达成交易的平台。买卖双方的相互作用最终会达到一个均衡点，此时的价格恰好实现市场出清，也就是供应等于需求。由于负荷的随机性、发电机组故障的不确定性等，在中长期时间尺度上，发电企业和大用户（或代理用户的售电公司）的交易不可能完全对应电力的实时供需，日前市场、日内市场、实时平衡机制等现货交易品种的出现成为必然。

电力系统建立现货市场的重要意义在于通过实时的供需和市场主体的参与，能够比较准确地发现价格。

现货市场的价格总是围绕商品的实际价值上下波动，代表并反映商品的价值，这是现货市场的价格发现功能。期货市场的出现，立即具有价格发现和风险规避两大基本功能。期货市场是在现货市场的基础上衍生出来的，所以期货价格的形成自然也离不开现货价格，期货市场的价格发现功能是对现货市场的补充和扩展。进一步讲，市场价格不仅体现为现货价格，也体现为期货价格，并且现货价格与期货价格相互依存，价格发现体系是现货与期货市场的综合反映，是一个全面的、综合的价格体系。

但是，在国外规模和价格相对自由的基于分时竞价的现货交易中，价格波动明显（见图 5-9）。

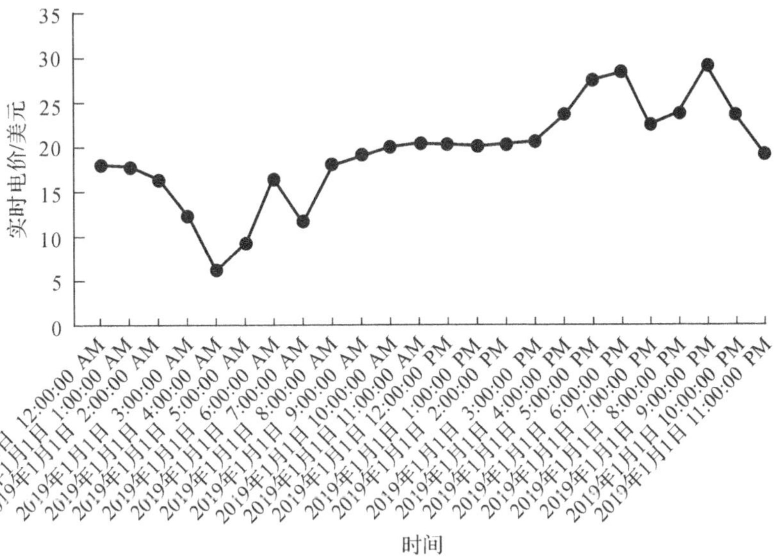

图 5-9　2019 年 1 月 1 日 PJM 市场实时电价波动

这或多或少都反映出了一些问题：实时市场价格变化剧烈，给市场主体带来很大的财务风险，需要另外引入金融交易等避险措施；大多数电力用户并无能力（或无意愿）对快速变化的实时电价作出反应，需要倚赖售电公司将批发市场的实时电价转化为简单的购电套餐，没达到通过实时电价增强供需方互动的理论设计目标，也导致电改红利被售电公司等中间商截留，传导不到用户侧，违背了电改的初衷；实时电价不能完全覆盖固定成本，导致发电投资容量不足，需要另设容量市场，等等。基于国外的经验教训和国内市场主体的风险承受能力，现货市场竞争的价格往往被设置上限(价格帽),但这就使得现货市场价格发现的功能大打折扣,或者说"有其名无其实"。

(二)关于中长期交易的独立存在

缺乏现货交易配合的中长期交易能否较长时间地独立存在呢?可以,但状态不是最佳。在计划经济下,为保障电力系统安全可靠运行,《电网调度管理条例》及其实施办法对发电安排有明确的规定①。市场环境下,无非是发电计划安排的方式由行政确定改为市场规则确定,中长期交易结果即成为年度、月度计划的重要部分,其后由调度组织实施。问题一是在于每日的高峰低谷的时间价值永远不得而知,政府模拟市场环境制定的峰谷电价往往得不到社会的认可;二是企业担心中长期交易价格受到地方政府的行政干预,而又缺乏现货价格公允的基准,这方面也属于加强监管的范畴。

由于中国情况复杂,各省份电源结构、网架结构等各异,并非所有省份都需要建设现货市场②。比如,电源数量少、市场力强的省份,推动现货交易与其他地区一样需要调动资源,但控制市场力、维护良好市场秩序的成本很高,这种情况下不需要过快地进入现货市场。

对于上述情景,国内一些学者提议参照南美和韩国,采取成本型电力库的模式实施现货交易,其本质上是由政府或第三方核定机组的成本曲线,将现货交易的组织交由调度部门实施经济调度。而回顾之

① 规定:(1)调度机构应当按年、月、日编制并下达发电调度计划。(2)月度发电调度计划,须在年度发电预期计划的基础上,综合考虑用电负荷需求、月度水情、燃料供应、核燃料的燃耗、供热机组供热等情况和电网设备能力、设备检修情况等因素进行编制。(3)日发电调度计划在月发电调度计划的基础上,综合考虑日用电负荷需求、近期内水情、燃料供应情况和电网设备能力、设备检修情况等因素后,编制出日发电(有功、无功功率或者电压)曲线,下达各发电厂执行。(4)值班调度员根据电网运行情况,可以按照有关规定调整本调度机构下达的日发电调度计划。

② 存在这种情况:某些不适于推动现货市场的省份,整合成为区域,其负面的影响因素有可能减弱,反而具备推动现货市场的条件。

前的“节能调度”实践[①]，应能体会到市场主体多元化后深入企业内部掌握电厂的煤耗、成本等非常困难。与其如此，不如采取“中长期双边交易＋电力经济调度”方式，交易停留在中长期时间尺度，将发电机组日前和实时运行权限交由调度机构负责，实施中注重衔接中长期双边交易与月度发电计划即可。

（三）关于金融衍生品市场

现货市场建设的技术性强，建议已经开展试点的单位积极稳妥推进，注重经验积累；非试点地区主要是开展方案规则的研究储备。

金融衍生产品是指其价值依赖基础资产价值变动的合约。这种合约可以是标准化的，也可以是非标准化的。国际上金融衍生品种类很多。与其他大宗商品市场一样，完整的电力市场也包括电力金融衍生品交易市场，包括差价合约和期货等。国外的电力金融市场成立时间较早，如图 5-10 所示，市场机制比较完善，衍生工具品种也基本齐全[②]。

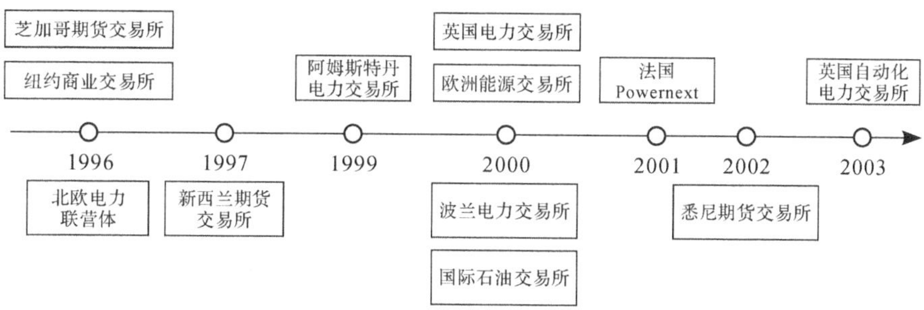

图 5-10　国外电力期货交易所成立时间

---

① 国务院办公厅 2007 年以国办发〔2007〕53 号文件发布了《节能发电调度办法》，之后江苏、河南、广东积极实践，但因相应经济补偿办法出台困难，又缺乏相应的市场机制，后停滞。

② 王肖峰. 我国电力期货发展的必要性及交易策略研究. 上海：上海交通大学硕士论文，2013：19.

推动现货交易的地区，应该迅速设计和构架金融衍生品交易，因为现货交易需要其保驾护航。期货交易规模大，能够提升市场的流动性，控制交易主体的风险，进而提高市场配置资源的效率。需要强调的是，金融交易的各类品种不一定要放置在电力交易中心内，其监管主要靠证监部门而非能源管理部门。

四、强化日前交易在现货市场建设中的标志性作用，起步阶段推荐采用“发电侧报价、用户侧报量不报价＋区域边际电价”模式

理论上讲，现货市场建设中，实时市场是必须建设的市场，一般是单边的市场。日前市场是可以选择的，可以随着市场成熟再根据需要建设[①]。

但就中国电力工业的调度生产习惯而言，日前运行方式最为关键，比如燃煤火电机组需要提前一天的晚间启动才能适应第二天白天的电力负荷增长需要。因此无论是“分散式”市场以签订实物合同为主，还是“集中式”市场以签订差价合同为主，到日前时段，电力调度机构和各个发电企业需要得到第二天非常明确的机组开机方式。这就需要根据日前负荷预测（精度达到98％），需要“集中式”市场基本明确机组发电量，或者“分散式”市场在中长期交易的基础上进一步明确更多的电量，并编制日运行方式及日发电计划。中发9号文件提到的“兼顾改到位和保稳定”，在生产运行方面主要体现在这里，调度机构的各个部门将围绕安排妥当的日运行方式展开专业细化工作。

日前交易采取“集中式”还是“分散式”，是争论的焦点问题之一，两者各有利弊，建议采取“集中式”组织发电侧全电量单边竞价。主要考虑在于，一是我国各省份电网的网架结构还不够稳固，网络因为阻

① 比如澳大利亚采用的就是实时市场，而没有设计日前市场。

塞形成若干“断面”，若采取“分散式”则调度机构任务较重、自由裁量权较大；二是驱使中长期交易合同转化为“差价合同”，强化中长期交易中发用双方基于成本与外部环境的商业判断，弱化考虑电网物理属性的市场力行使。

日前交易中，初期建议用户侧报量不报价，而采取发电侧单边报价竞争的方式，考虑各类等式约束和不等式约束后，市场按照系统边际价格出清（见图 5-11）。

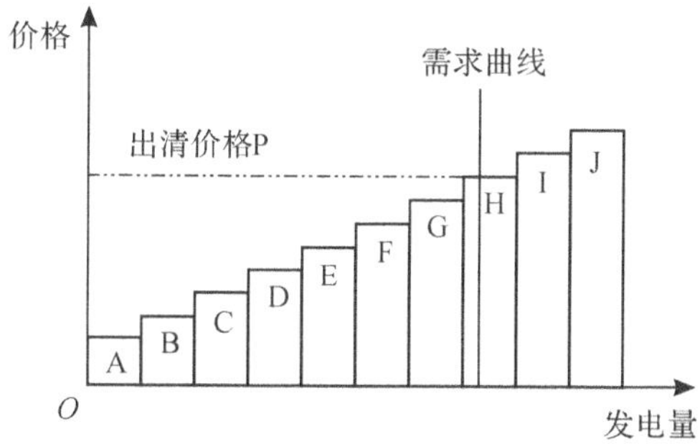

图 5-11　现货市场出清

上述模式下，电力实时运行产生的与日前交易结果的偏差，需要的是“实时偏差结算机制”，而无须“实时市场”。

由于输电网络不够稳固，网络阻塞后会形成节点边际电价，将若干个节点作为一个区域统一考虑则会形成区域边际电价。建议初期考虑区域边际价格体系，既兼顾系统的阻塞问题，又能够给市场主体比较清晰的价格分布趋势，过分复杂对市场的引导作用未必更强。

五、具体到省域的电力市场方案与交易规则，要统筹九个方面的问题

完整的市场方案和规则，至少应包括九个方面，如图 5-12 所示，要素齐全、逻辑自洽是基本要求。特别是风险预控与防范、发输配投

资保障等内容要充分考虑。

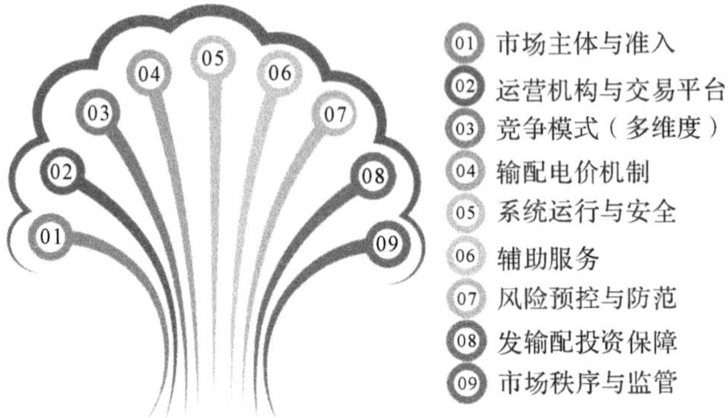

图 5-12 完整电力市场方案规则涉及的内容

市场主体与准入方面，要明确哪些企业是竞争性市场主体，进入和退出市场的条件是什么；运营机构与交易平台方面，要明确电力交易中心和电力调度中心各自的权责，以及它们之间的配合关系；竞争模式方面，要明确交易的品种、周期、量与价的确定及结算方法等；输配电价机制是对竞争模式描述的发电企业与用户交易制度的补充；系统运行与安全方面，明确电力交易如何转化为调度编制和执行的计划、安全校核等；辅助服务方面，明确哪些通过竞争方式产生，哪些通过双边协商确定，哪些直接由调度中心指令；风险预控与防范既涉及市场主体的风险防控，也涉及整个市场的应急干预和中止问题；发输配投资保障包括发电容量市场和输配电激励；市场秩序与监管方面，明确市场力管控、信息披露机制，以及监管内容、方式、措施等。

六、推进全国统一电力市场，区分跨省电力交易和区域电力市场，积极谋划发用双方直接见面的区域市场建设

建设区域电力市场、推进跨省跨区电力市场化交易，促进电力资源在更大范围优化配置，是中央一以贯之的要求。2002 年国务院 5 号

文件明确将建立竞争、开放的区域电力市场作为市场建设目标。2015年中共中央、国务院下发的9号文件及其配套文件，进一步要求完善跨省跨区电力交易机制；建设的电力市场体系分为区域和省(区、市)电力市场，市场之间不分级别；区域电力市场包括在全国较大范围内和一定范围内资源优化配置的电力市场两类。

近年来，学者提出并构建“统一市场，两级运作”的全国电力市场架构，实现能源资源在全国范围内的优化配置。其要义是：构建全国统一电力市场的重点，是要在全国范围内形成覆盖全市场形态、全电量空间、全体系结构、全范围配置的电力市场。[①] 考虑到我国分省平衡的行政和调度管理体制，统一市场可分为省间和省内交易两级运营，通过统一框架设计、核心规则、运营平台、服务规范，实现两级交易运营紧密结合、有序衔接。在功能定位上，省间交易着眼于落实国家能源战略、引导资源大范围配置；省内交易在此基础上进一步优化省内资源配置，保障电力可靠供应。在交易时序上，省间交易先于省内交易开展，所形成的量价交易结果作为省内交易的边界。在交易主体上，省间交易当前应以网对点(发电企业)、网对网等形式为主，便于实现社会福利最大化和省间交易的高效开展。在交易结算上，省间交易优先结算，发电侧和用户侧的偏差分别参与各自省内偏差考核。

当前的现实情况是，省间壁垒重现并有加重之势。问题的关键是要识别清楚全国统一电力市场与区域电力市场、区域电力市场与跨省电力交易的关系。

全国统一电力市场强调的是统一规划、统一市场理念、统一安全可靠性标准，区域电力市场强调的是统一规则、统一交易、统一调度执

---

① 史连军．积极推进电力市场化改革　全面深化全国统一电力市场建设．国家电网报，2018-12-10(2).

行。两者应统一看待，不能割裂。因为前者强调电力市场不应囿于一省一地，最终目标是全国市场一体化；后者强调打破省间壁垒的方式，首先要在若干省份之间建立跨行政区域的电力市场。前者是目标，后者是途径；前者是理念提炼，后者是具体实践。既不能以"区域"矮化"全国"目标，也不能以"全国"虚化"区域"实现途径。

9号文件配套文件说的"一定范围内资源优化配置"的区域电力市场，就是2002年5号文件力推的、名副其实的区域电力市场。区域是若干个毗邻省份的联合，但又不是简单的、行政化的东北、华北、西北、华东、华中、南方6大区域，对于行政"区域"与市场"区域"的关系，5号文件概括为"根据各地电网结构、负荷分布特点及地区电价水平的具体情况，设置一个或数个电力调度交易中心"。区域电力市场的目标是推动电力调度控制区的合并，实现区域范围内全商品、全要素的电力（而不是电量）平衡市场。区域市场的基础，一是省与省之间坚强的网架（比如环网、双环网、几横几纵等），电力市场阻塞管理压力小，二是省与省之间就能源资源禀赋、节能减排压力、经济发展动能等关系进行理性权衡后，根据实际的需要，区域市场与区域经济互为因果。

9号文件配套文件说的"全国较大范围内资源优化配置"的区域电力市场，就是常说的"西电东送""跨区跨省"电力交易，省间市场/省间交易，统称为跨省电力交易。其基础，一是我国能源资源中心与负荷中心的东西分离现实，二是网架结构，在企业强烈诉求下，国家批准了一批特高压交直流输电线路。这种大范围的资源调配，方向性是明确的，两个调度控制区既可以是基于上一级调度机构的统一调度，也可以是基于两者协商的联合调度；电力交易可以是较为精准的基于小时级负荷曲线的电力，也可以是约定峰、谷、平比例后负荷曲线一成不变的电力，北京电力交易中心组织的大多数市场化交易皆属此类。

初期可以把推动跨省电力交易作为工作目标，衔接好省内市场与省间市场，安排好省内中长期交易、省内现货交易、省间中长期交易、省间现货交易等 4 类交易的时序，如图 5-13 所示。

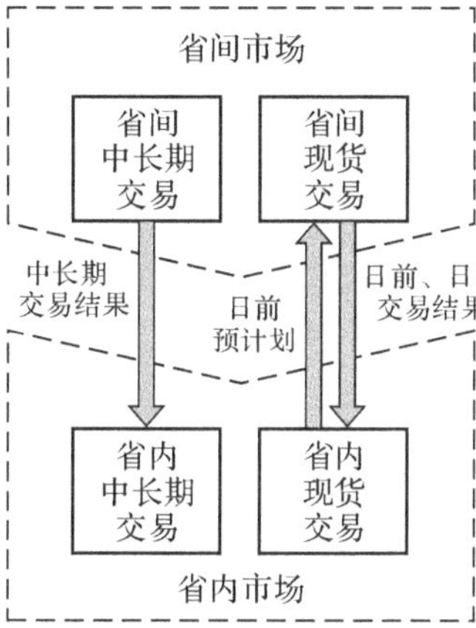

图 5-13　省间市场与省内市场的衔接模式

但应清醒看到，区域电力市场的资源优化程度高于省间交易，应扎实推进，模式探讨中不要回避。随着管理水平的提升，强化区域电网、推动发用双方直接见面的“真正意义上”的区域电力市场建设是必然趋势。

七、顺应电力系统发展趋势，支持微电网和局域电网发展，外部代理交易、内部分布式交易

并网型微电网是指由分布式电源、用电负荷、配电设施、监控和保护装置等组成，通常与外部电网联网运行，可实现并离网切换和独立运行的小型发配用电系统，具备微型、清洁、自治、友好等典型特征。并网型微电网是推进能源发展及经营管理方式变革的重要载体，是“互联网＋”在能源领域的创新性应用。促进并网型微电网健康有序

发展，对实现清洁能源充分开发和完全消纳、提升能源综合利用效率和电力系统智能化水平、加快能源转型发展具有重要意义。

局域电网属新生事物，目前尚无明确定义。综合各方认识，局域电网区别于增量配电网，其内部有发电厂，设置有独立的调度机构，地域范围往往在城市级，有更高的电力交易效率和更低的电力交易成本，是适应我国电力体制机制的安全、高效、新型的能源生产和利用模式。广西百色、内蒙古霍林河、陕西榆林、新疆准东等地区不断探索局域电网发展形态，取得了较好的效果。

中国科学院院士周孝信总结指出，为实现可持续发展推动的第三代电力系统，"特点是基于可再生能源和清洁能源、骨干电网与分布式电源结合、主干电网与局域网和微网结合，是可持续的综合能源电力发展模式"。

在微电网和局域电网内部，建立分布式能源交易市场，实行有限电量竞价上网，便于实现销售电价与上网电价的联动，减少各方面的矛盾和阻力，从而使分布式能源交易市场真正起到降低电价、促进供需平衡、优化资源配置的作用；同时能够更加快速地提升可再生能源的占比。国家发改委与国家能源局在 2017 年 10 月下发了《关于开展分布式发电市场化交易试点的通知》，开始组织相关交易试点。分布式发电市场化交易的机制是：分布式发电项目单位（含个人，以下同）与配电网内就近电力用户进行电力交易；电网企业（含社会资本投资增量配电网的企业，以下同）承担分布式发电的电力输送并配合有关电力交易机构组织分布式发电市场化交易，按政府核定的标准收取"过网费"。

各地分布式市场化交易试点遇到了较大困难，大量上报的试点都没有拿到电网企业的《电网接入及消纳意见》和《电网服务承诺》，而这两项文件都是《分布式发电市场化交易试点的补充通知》中所要求的试点项目支持性文件。电网企业考虑自身售电业绩、可再生能源消纳、输配电费收入等方面可能受到试点项目的负面影响，往往对试点项目配合程度有限。

微电网和局域电网面对外部市场，经用户授权代理交易合乎规定；在微电网和局域电网内部，建立分布式交易市场，技术上没有难度，关键是认识问题。建议政府部门加强指导，破除市场壁垒，鼓励对外代理交易和内部分布式能源就近交易。依托省级电力交易中心设立市（县）级电网区域分布式发电交易平台子模块是权宜之策，还是应当允许微电网和局域电网的运行业主自主组织开展相关电力交易。

八、深化输配电价机制，逐步取消交叉补贴，在用户间公平分摊成本、促进电网企业可持续且有效率地运营、简单透明便于操作三者之间寻求新的平衡

随着价格改革向纵深推进，价格机制在市场机制中的核心作用不断提升，其在发挥市场资源配置决定性作用、提高供给体系质量和效率等方面的效果不断显现。9号文件明确的第一项重点任务就是“有序推进电价改革，理顺电价形成机制”，包括单独核定输配电价、分步实现公益性以外的发售电价格由市场形成、妥善处理电价交叉补贴三方面；文件明确了按“准许成本加合理收益”原则、分电压等级核定输配电价的思路。输配电价改革实践方面，首期涵盖省级电网、区域电网、跨区跨省专项工程、地方和增量配电网的输配电价体系，以及对其各环节实施成本监审的机制基本建立。

理论上，公共网络成本分摊方法包括多种，如表5-2所示，各有利弊。在实际应用中，各个国家采用的策略也各有不同。

表 5-2 公共网络成本分摊方法的比较

公共网络成本分摊方法	描述	优点	缺点	应用该分摊方法的国家及地区
邮票法	对网络总成本进行计算，再按照输送功率的大小向用户分摊输电成本	核算方法简单	没有考虑相关成本	中国、美国PJM市场、西班牙、挪威、日本等
合同路径法	假定电力按照事先约定的路径进行传输，按照此路径确定各用户应该承担的成本	计算简单，数据采集容易	没有考虑旁路潮流，不能反映功率传输的实际走向	美国ISO-NE市场
边界潮流法	通过转运业务的实施对电网边界潮流产生影响，得到转运业务所需支付的总转运费	弥补了合同路径法不能考虑旁路潮流的缺点	没有根据输电距离进行成本分摊	美国中西部地区
兆瓦一公里法	通过对每条线路利用程度的计算，把公共网络成本按照利用程度分配给实际功率输入、输出的节点	反映地理位置信息及电网输电线路的实际利用程度	不能确定线路中的功率最终走向	英国、美国得克萨斯州
潮流追踪法	通过潮流追踪确定某条线路上的潮流是由哪些电网用户引发，从而根据用户对电网的利用程度进行成本分摊	可以确定线路中的功率最终为哪些负荷所使用，反映网络的利用率及地理位置信息	无法为反向潮流提供激励	澳大利亚
边际成本法	考虑负荷的增加对输电成本增加的影响	为用户及电网投资建设提供经济信号	不能实现成本的完全回收	英国

仅采取邮票法分摊公共网络成本，无法向网络使用者给出清晰的位置信号，造成了不同位置用户间输配电成本的交叉补贴，也不能引导用户进行合理选址。

英国在输电侧采用投资成本关联模型，通过网络中节点对输电线路投资的影响程度大小确定节点成本分配因子，考虑到线路投资主要与线路长度、容量有关，因此该模型以节点边际兆瓦公里作为成本分配因子。在2007年以前,英国在配电侧定价采取的都是考虑了峰荷责任和负荷率的配电强化定价模型。2007年以后,单独对高压配电网实行长期增量成本LRIC定价模型;该模型采用差分数学方法,基于净现值来计算线路元件成本,用于回收高压配网增容扩建成本。

2018年我国电网投资5373亿元,同比增长0.6%。其中,±1100千伏、1000千伏投资分别增长111.5%和6.8%;110千伏及以下投资增长12.5%,占全部电网投资的比重为57.4%,比上年提高4.5个百分点。全国基建新增220千伏及以上变电设备容量2.2亿千伏安,同比下降8.9%;新增220千伏及以上输电线路长度3.77万千米,同比增长14.0%;新增直流换流容量3200万千瓦,同比下降59.5%。

可以预见,为支撑经济社会的较快发展,确保电网保障电力供应和资源优化配置能力,未来我国输配电网投资额仍处高位;同时,为适应能源革命和第三代电力系统特点,配电网和农村电网发展空间会更大;着力解决城乡区域电网发展不平衡问题,继续推进配电网、中西部地区农村电网的建设,任务仍然比较繁重。为此,需要借鉴国外成熟经验,继续深化价格形成机制研究,制订更加灵活的输配电价方案,在用户间公平分摊成本、促进电网企业可持续且有效率地运营、简单透明便于操作三者之间寻求新的平衡。

9号文件配套文件《关于推进输配电价改革的实施意见》明确,“各地全部完成交叉补贴测算和核定工作后,统一研究提出妥善处理交叉补贴的政策措施”。建议在输配电价核定的第二个监管周期,尽快明晰交叉补贴,提出逐步取消交叉补贴的解决方案,避免市场价格信号长时间扭曲。

九、加快实施可再生能源电力配额制，回归电力商品的“普遍性”，重视电力市场与碳市场的耦合机制并防范市场风险

随着可再生能源度电成本逐年降低，我国已通过降低不同资源区的标杆上网电价和补贴，从而适当调整可再生能源发展规模和布局，同时缓解补贴缺口问题。我国可再生能源参与电力市场的发展路线可分为三个阶段(见图 5-14)。

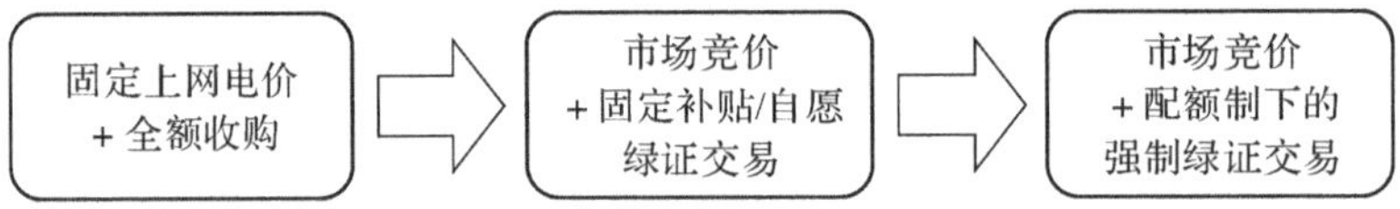

图 5-14　我国可再生能源参与电力市场的发展路线

阶段一是“固定上网电价＋全额收购”，是对可再生能源产业发展最直接有效的激励机制，该方式操作简单、实施效果好，适用于新能源发展初期。但随着新能源发电规模增加，电网消纳新能源的压力将大大增加，补贴总额随之大大增加。阶段二是“市场竞价＋固定补贴/自愿绿证交易”，可再生能源参与市场竞争，同时获得一定额度的补贴，或者通过交易绿色证书获得额外收益，但补贴不再下发。这是新能源发电从全额收购逐步转为完全竞价上网的一种过渡方式，适用于新能源发电已达较大规模，发电成本已经显著下降，但在市场中仍相对弱势的阶段。阶段三为可再生能源直接参与市场竞价，同时实施可再生能源电力配额考核与绿色证书交易机制，该模式适用于新能源发电已经具有较强市场竞争力的发展阶段，代表未来新能源参与电力市场的发展方向。

应呼吁强制配额制尽快建立，促使可再生能源发展到阶段三，一方面参与市场竞价，另一方面通过绿证交易获得额外收益。阶段三的核心在于通过配额制方式消除新能源发电的“特殊性”，回归其作为能

源商品的“普遍性”，有利于激励新能源发电根据市场供需情况调整自身出力，减轻系统运行压力，同时创造公平公正的市场环境。

碳交易机制是实现节能减排的重要机制，通过买卖碳排放权来进行，本质上也是一种配额交易机制。国家通过控制碳排放权总量，并限额向企业发放碳排放权，来促使企业减少碳排放，并对超过配额的排放设定罚款。在碳交易市场中，企业可以通过直接购买碳排放权限额来抵消超额的碳排放量，从而实现最低的减排成本。

虽然碳市场和电力市场规则、品种可以独立运作，但两者联系密切。一是两者目标相通。新一轮电改以低碳发展为目标，而碳市场本就是采用市场机制来促进低碳的排放，换言之，两者目标在本质上一致。二是发电企业同时是碳市场和电力市场的市场主体，即发电企业既需要在碳市场中竞争，也需要参与到电力市场中来。例如，可再生能源发电商可以在碳市场出售碳排放权而获益。三是价格相互影响。未来电力市场中，外部环境成本将反映在电价中，因此碳价高低会对电力现货市场价格有所影响，进而影响不同电源收益、投资和电源结构等。例如，如果政府通过干预提高碳价，则为可再生能源发电商带来更高收益，从而刺激更多可再生能源投资。

作为碳市场和电力市场的耦合关系的实例，美国区域温室气体减排行动（RGGI）①下，碳市场通过配额拍卖增加电厂的碳排放成本，改变日前、实时市场的供应曲线和节点边际电价，增强天然气及新能源电厂的市场竞争力；影响发电商的中长期投资决策，未来发电商会建立更多低排放的燃气和新能源电厂，促使电力市场电源结构的重组；碳排放成本迫使效率低的燃煤电厂逐步退出 RGGI 区域，转而从非

① 美国区域温室气体减排行动是针对电力行业，覆盖东北部和大西洋中部在内的康涅狄格州、特拉华州、缅因州、马里兰州、马萨诸塞州、新罕布什尔州、新泽西州、纽约州、罗得岛州和佛蒙特州（新泽西州在 RGGI 实行第一阶段结束后退出）共九个州的市场强制性总量控制与交易行动。

RGGI区域进口更多的电力。而电力市场电源结构重组和电力需求侧管理实现了一部分碳减排的目标，缓解了碳市场的压力，但需要及时调整碳排放上限以防止碳配额过剩，导致碳市场失去约束力。

2017年12月国务院颁布的《全国碳排放权交易市场建设方案》，提出在发电行业率先启动全国碳排放权交易市场。碳市场与电力行业及电力市场，成为必须一体化考虑的耦合市场。电力市场一般分为中长期合约市场和日前现货市场，每天产生交易结果；而碳交易虽然属现货交易，随时可以开展，但往往到年底市场主体根据自身的配额使用情况展开交易，市场才会活跃起来。这些现实问题给市场仿真带来了较大困难，也意味着市场风险防范成为重大课题。

十、解决兜底服务初期采用计划市场双轨制，应明确建立电力普遍服务基金，通过财政手段保障民生

9号文件的电力市场设计，为保障民生采取了计划市场双轨制的模式，明确“政府保留必要的公益性调节性发用电计划，以确保居民、农业、重要公用事业和公益性服务等用电，确保维护电网调峰调频和安全运行，确保可再生能源发电依照规划保障性收购”，“没有参与直接交易和竞价交易的上网电量，以及居民、农业、重要公用事业和公益性服务用电，继续执行政府定价”。电力改革双轨制模式有弊端，比如价格的扭曲、权力寻租以及转型中的阵痛等，当然9号文件是在当时环境下“充分考虑各方面诉求和电力工业发展规律，兼顾改到位和保稳定”，作出的艰难、理性选择。

我国已开始重视解决电力普遍服务问题。2015年11月中共中央、国务院下发《关于打赢脱贫攻坚战的决定》，要求提升贫困地区电力普遍服务水平，加快推进光伏扶贫工程；2015年12月国家能源局发布《关于加快贫困地区能源开发建设推进脱贫攻坚的实施意见》，提出

目标：到 2020 年全国农村地区能源普遍服务水平显著提高，贫困地区电力普遍服务水平基本达到目前本省（区、市）平均水平，完成 200 万建档立卡贫困户光伏扶贫项目建设。2017 年 8 月，国家发展改革委出台《关于进一步加强垄断行业价格监管的意见》（发改价格规〔2017〕1554 号），明确了重点工作包括：研究建立电力普遍服务、保底服务的成本回收机制，妥善处理并逐步减少政策性交叉补贴。

随着电力市场化改革的深入推进，电力普遍服务承担主体和资金来源不明确的问题逐渐显现，电网公司面临愈发突出的交叉补贴资金压力，不解决好交叉补贴问题，就难以厘清电网公司运营成本，难以有效核定输配电价，难以促进电力市场的有效建设。

从方向看，未来应明确建立电力普遍服务基金，通过财政实现民生保障全部电量都可以进入市场①。所有用户要么直接、要么委托售电公司（包括保底性质的售电公司）代理参与市场交易。为稳定社会预期，政府明确居民、农业、重要公用事业和公益性服务行业，执行规定价格的，与市场的差价由普遍服务基金承担。计划与市场实现并轨，不再存有障碍，电力市场化改革才能算是成功。

十一、适应市场建设节奏，加强监管制度创新，竞争环节重视市场运行监测手段，垄断环节形成闭环监管机制，推动形成多方协同监管体系

政府介入电力市场进行监管的理由可以归纳为三点：一是当市场失灵时，市场无法有效配置资源，政府的介入可以提高效率；二是市场自身的均衡往往与公众认可或政府期望的公平有差距，此时需要政府出面来保护社会公平；三是制订市场无法提供的行业法律法规和能源战略。

政府电力监管的内容应该涉及四个方面：电力法律体系的完善，

---

① 就解决普遍服务问题，也有其他建议，比如叶泽等. 我国电力普遍服务电价制度设计与实施建议——兼析国外普遍服务电价政策的做法. 价格理论与实践，2017(9)：20-25.

电力发展战略、规划、政策的制订和修订，电力市场体系的培育与建设，以及电力系统运行秩序的维护。特别是关于市场体系的监管，由于电力市场相比一般商品市场，对秩序、可靠性等方面的需求更强，因此市场体系的演进既需要市场自发力量的引导，也需要政府政策力量的推动。政府要从电力市场竞争结构、市场运行机制、市场管理与监管体制、市场基本制度四个基本要素着手，多措并举构建现代市场体系；政府可以通过明确界定产权、加强信息与协调、制订并执行市场建设方案、出台积极的产业政策等手段来促进市场的发育。

在实践中，应贯彻“放管服”理念，切实加强电力行业及相关领域科学监督。完善电力监管组织体系，创新监管措施和手段，有效开展电力交易、调度、供电服务和安全监管，加强电网公平接入、电网投资行为、成本及投资运行效率监管，切实保障新能源并网接入，促进节能减排，保障居民供电和电网安全可靠运行。

对于竞争性环节，政府应重视市场运行监测手段。电力市场运行监测机制的目的是，对电力市场运行情况进行监测和评估，以发现和避免滥用市场力及市场操纵行为，并提高电力批发市场的运行效率，维护市场公平竞争秩序。电力市场运行监测可委托第三方市场运行监测机构开展，电力交易机构和调度机构应为第三方市场运行监测机构履责提供场地、数据接入等必要保障。

对于垄断性环节，尤其是对于仍然具有自然垄断属性的电网环节，形成闭环监管机制。电网环节的监管既是电力市场竞争的前提条件，也直接决定输配电价水平，最终关系到用户电改后用电成本的感受，稍有处理不当，市场竞争带来的红利就会被垄断环节的监管失误所抵消或者反噬，其重要程度不亚于竞争性环节的市场建设。当前我国对电网投资、输配电价格、服务水平的监管分属不同部门，尚没有形成监管闭环。省级政府投资监管部门对电网投资规模及其合理性的监管，并没有同价格监管部门对输配电价成本高低的责任挂钩。往往出现的情况是：一边按照超前的电力需求增速作电网规划并确定投资规模，另一边却按照保守的电力需求增速测算输配电价，并且对电网企业提供服务水平（主要包括基本供电服务和市场环境下的公平开放服务、信息披露服务）的考核仍显欠缺。

显而易见，规范电网企业合理投资、促进电网运行提质增效、确保电网无歧视公平开放、推动电网侧信息披露，是对电网垄断环节实施闭环监管的核心内容。建议对于电网公司投资计入准许成本的同时，考虑实际供电电量与可研预测电量的偏差，实施奖惩约束；根据监管期内电网的服务水平决定下一监管期内准许收益率，实施服务考核；最终由准许成本和准许收益率核定输配电价，形成垄断环节闭环监管。

强化形成多方协同监管体系。2018 年成立的具有反垄断监管职能的国家市场监督管理总局，应与具有价格管理与运行管理职能（即专业监管职能）的国家发改委、具有行业监管职能的能源局及其派出机构、具有内部自律监管性质的电力市场管理委员会，相互配合支撑，共同构成电力市场多方协同监管体系，实施公正监管，推动法治化。

其中，为落实 9 号文件和其配套文件《关于电力交易机构组建和规范运行的实施意见》的要求，我国各电力市场管理委员会（以下简称管委会）广泛成立，普遍由电网企业、发电企业、售电企业、电力用户等组成，以维护市场的公平、公正、公开，保障市场主体的合法权益，充分体现各方意愿。管委会是电力市场秩序的建设者、维护者和仲裁者，应进一步明确其定位是国家能源局和地方政府联合授权的议事协调机构，进一步明确管委会具有监管职能，促进发挥其行业监管的作用，建立健全行业自律管理机制，配合政府“放管服”举措有效落实。考虑到我国发电侧市场和部分售电市场集中度较高，正在进行的电力央企重组将进一步加大市场集中度，部分省份已存在发电企业“价格联盟”现象，一定程度上，行业自律已呼吁多时。因此，监督市场运营情况、促进解决市场中出现的问题需要管委会尽快发挥内部作用。

第三节　我国现代电力市场体系建设框架

落实中央精神，根据中共中央、国务院《关于进一步深化电力体制改革的若干意见》（中发〔2015〕9 号）及其配套文件的有关要求，结合中共中央、国务院《关于建立更加有效的区域协调发展新机制的意见》，以建设现代化经济体系为目标，适时总结电力体制改革经验，调整和完善电力市场建设路径，提出我国现代电力市场体系建设框架。

一、总体要求

（一）指导思想

以习近平新时代中国特色社会主义思想为指导，坚持新发展理念，坚持推动高质量发展，贯彻落实党中央有关加快建设现代化经济体系的决策部署，按照国发〔2002〕5 号文件和中发〔2015〕9 号文件明确的方向，以市场化、协同化、法治化为导向，以培育竞争性电力市场为重点，以兜底服务机制、绿色发展机制和区域协调机制创新为保障，建立公平、开放、透明的电力市场规则，着力消除各种形式的市场壁垒，着力完善主要由市场决定的电力价格形成机制，形成政府部门公正监管、市场主体公平竞争、电力产业体系有序发展的市场运行格局，构建统一开放、竞争有序的现代电力市场体系，提高电力资源配置效率，推动电力工业转型升级和经济社会持续健康发展。

(二)基本原则

正确处理市场机制与保障民生、节能低碳发展的关系。充分考虑企业和社会承受能力,推进解决交叉补贴问题,保障基本公共服务的供给。坚持市场主导,促进构建清洁低碳、安全高效的能源体系。

正确处理创新发展与防范电力风险、金融风险的关系。遵循电力商品的技术经济规律,统筹考虑市场价格波动风险和电力金融产品的潜在风险,在设计新机制时应确保市场机制有效、微观主体有活力、宏观调控有度。

正确处理市场作用与政府作用及产业政策的关系。坚持放管结合,政府应统筹产业政策,进一步向市场放权。强调公平竞争,完善电力监管机构的机制和措施,公正监管技术、安全、交易、运行、服务等各个环节。

正确处理系统设计与先行先试的关系。充分考虑国情和行业特色,在做好顶层设计的基础上,鼓励地方政府先行先试、积累经验。继续营造电力市场建设良好氛围,培育和引导改革态势,激发市场建设合力。

二、统筹设计市场竞争促进方案

(一)加强电力市场体系顶层设计

进一步丰富市场主体、明确交易对象、设计交易类型,从市场竞争机制、兜底服务机制、绿色发展机制、区域协调机制和政府管理等方面统筹考虑市场顶层设计。

(二)重视发电投资市场建设

提前防范燃煤机组不再兴建带来的电力供应风险,重视适度激励电源投资的机制建设,加紧研究基础电量取消后的过渡衔接方案,培育适合我国各类电源的导向明确、协同共存、有序发展的投资市场。

（三）鼓励新零售竞争模式发展

健全分布式发电市场化就近交易配套机制，支持发配售一体化的局域电网持续探索，鼓励市场主体的多元化和交易形态的进一步丰富。

（四）务实推动辅助服务市场建设

允许调峰辅助服务市场独立存在，鼓励因地制宜、机制创新。调频、备用等辅助服务品种在现货市场中统一设计、统筹考虑。当前一段时间，调频、备用等辅助服务品种仍按照“两个细则”执行补偿返还机制。

（五）注重引导中长期、现货和金融市场的过渡衔接

不断巩固和扩大电力中长期交易规模，逐渐探索中长期电力交易市场向现货市场的有效过渡。允许部分地区相对较长时期内仅开展中长期交易。开展现货的地区应迅速设计金融产品。

（六）稳妥推进现货市场建设

已经开展现货试点的地区，应注重经验积累，在设置价格上下限约束和实现价格发现功能间寻求平衡，稳妥推广扩大试点范围。现货市场建设初期应聚焦在具有标志意义的日前交易上，建议起步阶段采用“发电侧报价、用户侧报量不报价”模式，结合电网实际情况，在系统边际电价、区域边际电价和节点边际电价中选取对发电生存和用户引导影响适中的出清方式。

（七）健全输配电价关键机制

不断深化输配电价机制研究，明确交叉补贴情况并逐步取消，寻求在用户间公平分摊成本、促进电网企业可持续且有效率地运营、简单透明便于操作三者之间的平衡，解决价格扭曲难题，发挥市场化价

格信号作用。

（八）有效衔接交易与调度机构

进一步明确调度机构主要负责电网安全、发电计划执行和实时平衡；交易机构主要负责全社会电力电量平衡，编制交易计划及发电计划，并提交调度机构执行。剥离调度机构的交易组织职能，实现交易与调度机构的独立规范运行。

三、完善和强化兜底服务实施能力

（一）加大兜底服务财政支持力度

降低电网企业交叉补贴成本压力，支持电网公司厘清成本，促进输配电价真实核定。稳定社会预期，通过财政手段向电网公司进行转移支付。

（二）明确建立电力普遍服务基金

进一步完善市场化价格形成机制，居民、农业、重要公用事业和公益性服务行业执行的管制化价格与市场化之间的差价由普遍服务基金承担。推进电力普遍服务基金的立项、立法工作。

（三）完善国有企业兜底服务考核机制

发挥国有企业承担社会责任方面的优势，鼓励国有资本投资兜底服务领域，放松国资委对相关商业二类企业在承担兜底服务业务上的盈利性考核。

四、建立健全绿色发展引导机制

（一）促进清洁能源市场化交易

完善清洁能源跨省跨区交易机制，在现货市场建设初期，以报量

（即曲线）不报价方式参与现货市场，作为价格接受者优先出清、优先消纳；进一步研究和推进清洁能源以报量报价的方式参与市场，重视大规模可再生能源参与市场后的配套机制保障。

（二）加快实施可再生能源配额制

促进可再生能源参与市场竞价并通过绿证交易获益。通过配额制方式消除新能源发电的“特殊性”，回归电力商品的“普遍性”，以激励新能源发电根据市场供需情况调整自身出力，减轻系统运行压力，营造公平公正的市场环境。

（三）有效耦合电力市场与碳市场

同步推进电力市场与碳市场建设，重视碳排放成本对电源侧市场竞争力的影响和传导至电价的波动情况。应一体化考虑耦合市场建设，重视防范市场风险。

五、坚定落实区域协调发展理念

（一）积极谋划区域市场建设

落实中央关于区域协调发展的决策部署，坚决破除地区之间利益藩篱和政策壁垒，推动建设统筹有力、竞争有序、绿色协调、共享共赢的区域电力市场，避免囿于跨省跨区电力交易阶段停滞不前，促进电力资源在更大范围内优化配置。

（二）稳步支持区域市场发育

建议以推动跨省电力交易为目标，衔接好省内市场与省间市场，安排好省内中长期交易、省内现货交易、省间中长期交易、省间现货交易等四类交易的时序，过程中推动强化区域电网作用，推动发用双方直接见面，取消电网公司代理交易方式。

（三）促进微网和局域电网发展

支持基于局域电网和微电网的就近电力交易，鼓励微型、清洁、自治、友好的综合能源电力发展模式，建立分布式能源交易市场，促进电价降低、供需平衡和资源优化配置。

六、务实推进公正监管能力建设

（一）推动放管结合、公正监管

政府应进一步简政放权，将管理重点放在编制市场规划，建立市场法制和标准，出台和修订市场规则，避免直接干预微观经济行为。监管机构须适应市场建设节奏，以公正监管促进公平竞争。

（二）重视竞争环节的市场运行监测

加强对电力市场运行情况的监测和评估，可委托第三方市场运行监测机构开展，并要求电力交易机构和调度机构为第三方市场运行监测机构履责提供场地、数据接入等必要保障，共同维护市场公平竞争秩序。

（三）形成垄断环节的闭环监管机制

在对电网公司合理投资计入准许成本的同时，考虑实际供电电量与可研预测电量的偏差，实施奖惩考核；根据监管期内电网的服务水平（包括基本供电服务和市场环境下的公平开放服务、信息披露服务）决定下一监管期内准许收益率；最终由准许成本和准许收益率核定输配电价，形成以价格为抓手的垄断环节闭环监管。

（四）构建电力市场多方协同监管体系

建立由国家市场监督管理总局的反垄断监管、国家发改委价格和运行部门的专业监管、能源局及其派出机构的行业监管和电力市场管理委员会的内部监管共同协作的电力市场多方监管体系，推动构建法治化的现代电力市场。当前阶段重点强化电力市场管理委员会的监管定位和能力建设。

第四节　实现“双碳”目标电力市场要积极有为

一、重视电力市场在碳达峰碳中和行动中的作用

落实碳达峰碳中和目标，推动清洁低碳发展，是应对气候变化的需要，是实现“美丽中国”的需要，是携手构建人类命运共同体的需要。碳达峰碳中和目标任务有三个特点，一是时间虽长，但任务重、要求高；二是全领域覆盖、全社会动员；三是实施过程存在动态调整可能性，实践中还会有优化、细化、强化等。

能源行业落实碳达峰碳中和任务要把握三句话：调整能源结构是核心，构建新一代电力系统是枢纽，建立现代能源体系是目标。其中，电力系统是实现碳达峰碳中和目标的主战场之一；市场是资源配置十分重要的方式，以市场化为导向的电力改革已深入人心。优化顶层设计，有效推动电力市场建设，能够加快能源清洁低碳转型，否则会对低碳发展形成掣肘。

二、坚定电力市场化改革方向

从 2015 年到 2021 年的这一轮电力体制改革，电力市场建设总体迈上了一个大台阶，逐步构建起了以中长期交易为“压舱石”、辅助服

务市场为"稳定器"、现货试点为"试验田"的电力市场体系，市场在资源配置中较好地发挥了决定性作用。但电力市场的目标、模式和路径还存在争议，"更好发挥政府作用"也体现不足，电力交易机构未能实现独立规范运作，增量配电试点推动磕磕绊绊，改革效果差强人意。电力体制改革任重道远。

碳达峰碳中和愿景下，电力系统运行的目标将优化调整，但市场配置资源的基本手段还是要坚定使用。国发〔2002〕5 号文件和中发〔2015〕9 号文件明确的电力体制改革方向和构建的电力体制框架，是汲取改革开放以来电力工业管控的经验教训形成的宝贵财富。遵循中央关于经济体制机制改革的精神，持续推动市场在电力系统各个环节资源配置中越来越多地发挥作用，这是毋庸置疑的方向。

电力市场建设的核心理念是发现"电能量、各类辅助服务、容量"三者的时间与空间价格信号，世界各国的做法不同、叫法不同、模式组合不同，但内核概莫能外。碳达峰碳中和愿景下，电力系统运行的约束条件和目标都发生剧烈变化，但电力市场建设的核心理念仍要遵循，唯此才能确保电力系统健康发展。政府作用要在遵循市场建设核心理念的前提下持续加强、有效发挥，政府作用与市场作用并行不悖。

三、电力市场要积极有为应对变化

（一）电力市场无法"独善其身"

面对"双高""双峰"特点突出的电力系统，面对因电气化水平提升而较快增长的电力需求，面对处境尴尬、有苦难言的煤电机组，如何实现资源优化配置？我们要清晰地看到，电力市场仍在建设初期，还无法独立承担这个历史使命。理性地讲，市场无形之手优化资源是慢过程，能源结构快速调整可能等不及市场的自由发育。

我们认为，碳达峰碳中和可以分为三个阶段，2020—2030 年是“尽早达峰期”；2030—2050 年是“快速减排期”；2050—2060 年是“中和攻坚期”。现在看，至少在第一阶段的电力资源配置，必然需要市场与政府同时发挥作用，政府作用要引导和补台市场作用。

（二）电力市场不应“我行我素”

“尽早达峰期”，将是电力行业最艰难的时期，能源结构及电源结构要转型，电网形态要向“超（特）高压骨干电网＋局域电网＋微电网”转变，对电力系统的低要求是“不能垮”，高要求是“更优化”。2020—2021 年的冬季我国南方的停限电以及美国 2020 年夏季加州限电、冬季得州停电就是敲响的警钟。可再生能源比重增加、调节资源配置不足时，安全风险的化解需要专业应对和人民群众、市场主体理解，简单地向社会讲“可防可控”不是最好的策略。

保证电力系统的安全可靠运行，除了电力调度指挥体系要发挥技术主导作用，电力交易机构和电力市场体系也要发挥作用。发挥这个作用，通过市场机制协调风、光、水、火、储、用等各类市场主体的利益，确保电力系统“不能垮”是第一位的。市场准确发现价格信号、市场精准调配资源很重要，但不是第一位的。如果我们对市场的功能定位、建设内容等的认识，在碳达峰碳中和目标愿景宣示前和宣示后表述是一样的，那某种程度上讲就是我们电力市场领域涉及部门、企业和专家的不作为。生产关系要适应生产力的发展，任由电力市场自我发育，在时代洪流中缺乏主动作为，必然被时代抛弃，带来的可能是电力市场建设的“迷失”。

（三）“顺势而为”构建鲜明中国特色的电力市场体系

公认的电力市场建设核心理念必须坚守，但无须言必称 PJM、ERCOT，更不能不分青红皂白地照搬照抄国外市场模式。中国国情复杂，东西部之间的资源禀赋、经济水平差异大，同时政治愿景明确，发展道路坚定。顺应“双碳”目标要求，努力构建以“市场竞争机制、兜底服务机制、绿色低碳发展机制和区域协调机制”四部分为支撑，以电力产业体系为基础，以政府管理体制为保障的中国现代电力市场体系，实际上就是按照政治、经济、社会、文化、生态建设“五位一体”总体布局理念，形成电力市场—电力工业—经济社会的良性互动，推动市场建设的螺旋式上升。

四、出台电力市场领域落实碳达峰碳中和行动方案

应总结电力体制改革的得失经验，结合“双碳”新形势，贯彻新发展理念，抓紧研究拟定电力市场领域落实碳达峰碳中和行动方案，对此我们有五点建议。

（一）关于交易品种

继续开拓电力现货交易“试验田”，在做好中长期交易与现货交易有效衔接的基础上，将重点转向推动辅助服务市场建设。从2020年到2030年，能源电力结构剧烈变动，利益分化严重，简单地用电能量市场去调节，用节点电价去引导，价格宽幅起伏，不是说电能量现货市场机理对不对，而是要考虑社会承受能力够不够。电力交易要让在电力系统中起支撑作用的调频、调峰、备用机组活下来。所以在这一时期，辅助服务市场将唱主角，这是认识上的一个重大变化。现在的问题是要将用户纳入这个辅助服务体系中，不要一直搞发电侧博弈。这方面要有谋略，要有引导，中长期电能交易要作出配合。容量市场有利于稳定发电企业经营预期，但要精准施策，电源结构总体还未定型，我们贸然作出长期投资购买容量，提前3—5年给出未来几十年的承诺，很可能刺激传统电源投资，成为后续能源转型发展的障碍。实际

上，省级政府财政机制和电网成本价格机制也还不够完善，建议到“十四五”的后期再研究推动容量市场建设。

（二）关于市场主体

代表发展方向的各类成员都要尽快纳入市场体系，比如风电、光伏、储能、电动汽车、虚拟电厂等，储能包括化学储能和抽水蓄能；要推广华北区域第三方参与辅助服务市场的经验，尽全力促进可再生能源消纳。华能天津的 IGCC 电厂等，燃烧后进行碳捕捉，对其要定制支持减碳的交易规则，纳入市场，这方面不用追求绝对的公平。研究和适时公布各类企业用户的单位产能碳排放水平，鼓励发用双边交易时自愿原则下低碳优先。

（三）关于交易组织

改革过程中我国组建了北京、广州区域交易中心和各省份的交易中心，努力推动其相对独立和规范运作。为了实现“双碳”目标，交易机构或许要深入区县一级，积极探索开展基于配电的电力交易，从而有力支持可再生能源分布式交易。这方面问题不应被回避，也不是什么禁区，调度有分级管理的要求，交易也有属地的诉求。对于这种场景下的交易组织体系和技术支持平台如何构建，需要加快研究。

（四）关于市场衔接

除常规的电力交易外，可再生能源配额制和绿证交易已经出台，2021 年以发电企业为切入点，建设全国碳市场，一些地区在试点用能权市场，市场机制“满天飞”。实操层面，我们呼吁政府部门统筹政策工具，避免政策叠加。必须厘清的是，衔接不是融合，多市场视角下，市场主体的输入、产出可能是多元的，其投资决策、生产运行中存在多市场耦合，但各类市场自身“桥归桥、路归路”，可以加强电力市场与全国碳市场的衔接，但无须急于推动电力市场与全国碳市场融为一体。

（五）关于加强领导

建议有关部门在新形势下，立足新发展阶段、贯彻新发展理念、构建新发展格局，更好地履行电力市场建设的运行协调和监管职能。一要总结既有经验，优化顶层设计，出台行动方案，完善试点交易规则，优化政府部门间协调；二要继续推动电力交易机构独立规范运营，推动国家电力规划和信息分析能力建设，推动电力科技创新和“双碳”路径标准制订；三要加强对垄断环节和市场分割的监管，灵活应用经济性和社会性监管，重点瞄准政策落实和建立闭环监管。

第六章　推动电力系统容量保障机制建设

伴随对电力市场化的深入推动，继中长期交易、辅助服务、现货交易后，容量市场或容量保障机制成为热议话题，但也存在较多认识上的误区，就此我们在既有认识的基础上再次开展了相关研究分析。

第一节　我国容量保障机制的探索

一、概述

(一)上轮电力改革提及发电容量电价

发电容量充裕是保障电力系统长期安全可靠稳定运行的必要条件。在传统计划经济时期，发、输、配、售一体，电力部门通过垂直、统一的电力规划工作，辅以“集资办电”等投融资政策，大体保障了系统的发电裕度。

2002 年市场化改革，尽管实施了厂网分开，但由于竞争性的电力市场未能有效建立，发电上网电价仍由政府核定，发电上网电量仍由政府分配，发电企业大多时间保持着“跑马圈地”投资建设电厂的积极性，电力系统的运行容量充足。改革期间，为了引导和鼓励电力投资，并为电力企业提供部分固定收入保障，东北区域电力市场曾对参与市场竞价的10万千瓦及以上的燃煤机组实施两部制上网电价，市场主体在电量市场中竞争得到电量电价，容量电价标准的确定由政府价格主管部门主导。

（二）本轮改革呼吁容量保障机制

新电改过程中，火电企业发展面临挑战，这是发电企业呼吁建立容量保障机制的基础性原因。一是可再生能源的大规模投产和优先消纳，使得传统电源利用小时数下降，生存空间受到挤压；二是发用电计划放开使得火电企业依靠标杆电价所回收的固定成本逐渐减少，收益不确定性加大；三是部分地区以中长期交易之名，行计划手段降电价之实，挫伤了发电企业参与市场的积极性。2019年，五大发电集团下属数十家火电厂或破产或出售，凸显了发电企业所处环境的严峻性。

试点地区现货试运行呈现出的低电价，是发电企业呼吁建立容量保障机制的导火索。从当前各个现货市场试运行结算情况来看，现货出清价格普遍偏低。广东电力交易中心公布的数据显示，2020年8月全月结算试运行中，日前价格最小值、最大值、平均值分别为0.07元/千瓦时、0.48元/千瓦时、0.18元/千瓦时；实时价格最小值、最大值、平均值分别为0.07元/千瓦时、1.07元/千瓦时、0.19元/千瓦时，平均水平明显低于广东省煤机标杆上网电价0.453元/千瓦时。调研中，发电企业认为，现货市场结算试运行的低价格，可能对市场主体中长期交易的价格谈判产生影响，电力用户签订中长期合同的意愿将会降低，发电企业难以在单一电能量现货市场中回收固定成本。

推动高价机组进入市场，也往往寄望于容量保障机制。如何实现燃气机组、核电机组和传统煤电机组同台竞价，是进一步放开计划必须考虑的问题，也受到市场主体普遍关注。北方的燃气机组大都设计为热电联产，价格上又往往存在“以电补热”现象，导致发电成本维持高位；南方燃气机组主要用于调峰，但调峰价值在价格上体现远远不足，导致成本居高不下。为推动高价机组进入市场，一些专家提出借助容量保障机制，明确燃气容量补偿条件，促使燃煤燃气机组同台竞争。

本轮改革的现货试点省份，山东省率先于 2020 年出台了容量补偿机制，浙江省于 2015 年即对燃气机组实施了两部制电价，三省相关机制建设情况见表 6-1。

表 6-1 山东、广东、浙江容量机制建设情况

省份	容量机制建设情况
山东	山东省发改委明确，自 2020 年 6 月 1 日起试行容量补偿电价，参与电力现货市场的发电机组容量补偿费用从用户侧收取，收取标准暂定为每千瓦时 0.0991 元(含税)。山东能监办 2020 年 7 月修订版《山东省电力现货市场交易规则(试行)》明确批发用户的综合市场价格由容量补偿电价和市场形成的电量价格构成，零售用户的综合市场价格由容量补偿电价和其与售电公司签订的零售合同(套餐)价格构成。调研了解到，山东出台容量补偿机制的迫切性在于几次的调电试运行过程中，现货市场价格与中长期市场价格形成巨大差距，现货的低价格可能会引起市场主体的误解，从而影响中长期交易开展
广东	针对现货市场竞争价格明显低于发电企业的上网参考价的情况，为促进市场化机组固定成本有效回收，保障电力系统长期容量的充裕性，广东省正在着手出台容量补偿的实施细则。其主要思想是，按照各售电公司当月现货电量及容量度电分摊标准收取容量电费。同时，对市场中获得与用户侧直接交易资格的发电机组的现货电量对应的容量实施补偿。建立容量补偿标准动态调整机制，按月计算售电公司日前市场月度加权平均综合电价和容量补偿度电分摊总和，当其超过 0.463 元/千瓦时，启动售电公司容量度电分摊标准动态调整机制。交易机构负责计算机组容量补偿费用、计算售电侧分摊费用、出具结算凭证和信息披露相关工作；调度机构负责核定并出具机组有效容量。广东省能源主管部门会同国家能源局南方监管局对容量补偿工作情况进行指导和监督

续　表

省份	容量机制建设情况
浙江	为更好发挥天然气发电机组作用，根据《国家发展改革委关于规范天然气发电上网电价管理有关问题的通知》（发改价格〔2014〕3009号），浙江省于2015年1月起对天然气发电机组试行两部制电价。9F、6F机组电量电价为每千瓦时0.67元（含税，下同），9E、6B机组为每千瓦时0.73元；9F和9E、6F、6B机组容量电价分别为360、680、470元/（千瓦·年）

二、山东容量补偿机制案例分析

（一）出台容量机制的迫切性

1.在几次的调电试运行过程中，现货市场价格与中长期市场价格形成巨大差距

根据《山东省深化燃煤发电上网电价形成机制改革实施方案》，现行燃煤发电标杆上网电价机制为“基准价＋上下浮动”的市场化价格机制，其中：基准价为每千瓦时0.3949元，最高价格为0.4344元（上浮10%），最低价格为0.3357元（下浮15%）。

2020年11月，山东开展电力现货市场整月结算试运行工作，11月1日至11日的现货价格趋势如图6-1所示。

2020年5—10月，山东开展月度电力直接交易（集中竞价），统一出清价如图6-2所示。

对比图6-1和图6-2可知，现货价格普遍低于月度直接交易价格，且价格差异较大。5—10月月度电力直接交易（集中竞价）的统一出清价均值约为390元/兆瓦时，与燃煤发电标杆上网电价的基准价基本一致，而从11月上旬现货试运行结果来看，现货价格仅有一天接近均值水平，最大价差达到181元/兆瓦时。

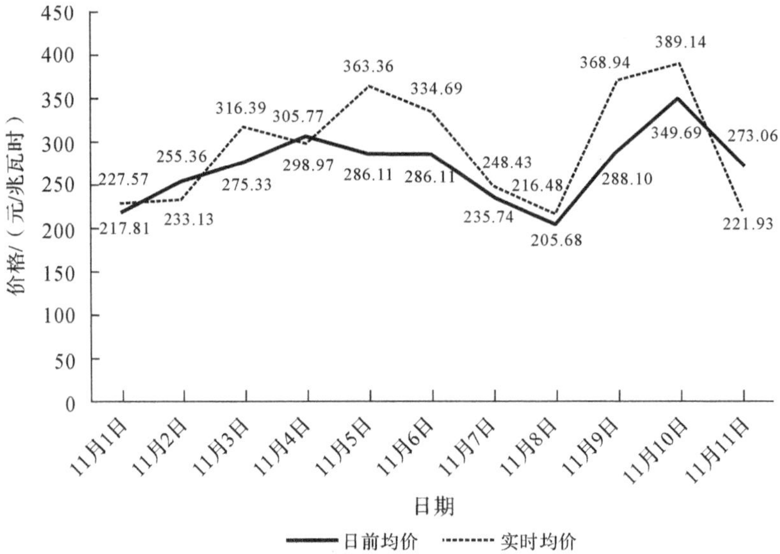

图 6-1　2020 年 11 月山东现货价格趋势

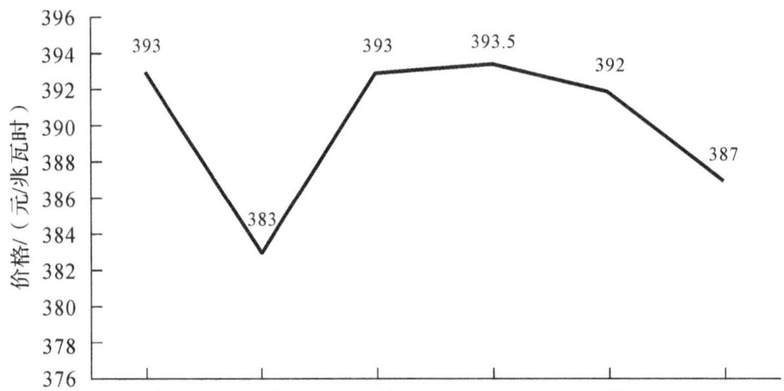

图 6-2　2020 年 5—10 月山东月度电力直接交易价格

2. 价格巨大差距符合市场原理，但社会较难理解

电力现货市场主要是一种短期电力经济运行机制，依赖边际成本定价理论。在充分竞争的电力市场中，出清价格一般会趋于接近边际机组的边际成本，主要包括燃料成本、运营成本等可变成本，而不包含

机组初始建设投资(即固定成本)。而在以中长期实物交易为主的市场中,由于机组固定资产投资产生的还本付息费用是发电企业在运营期的刚性支出(通常按月度或季度支付),为覆盖生产所需必要成本支出,机组更倾向于选择基于平均成本报价的竞争策略。

从各个现货市场试运行结算情况来看,现货出清价格普遍偏低,与中长期市场价格偏差较大。现货结算试运行的低价格可能会引起市场主体的误解,用户及售电公司以现货价格为参考开展中长期交易,短期看将影响电力市场的平稳运营,影响中长期交易开展,长期看发电行业的健康发展受到威胁。

3. 国家要求95%的电量签订中长期合同并刚性执行,政府面临巨大监管压力

国家发展改革委印发了《关于做好2020年电力中长期合同签订工作的通知》(发改运行〔2019〕1982号),对抓紧签订2020年电力中长期合同工作作出了详细规定,要求市场主体在签订中长期合同时要做到有量、有价、有曲线。

有量,即要保证市场主体电力中长期合同电量不低于上一年用电量95%或近三年平均用电量,签约达不到要求的,不能成为现货市场交易主体。在此背景下,售电公司面临电量预测与偏差考核的压力,而政府则面临巨大的监管压力。

总结以上三点,出台容量机制,拉平现货/中长期的价格基础,舒缓社会焦虑,成为现实需求。

(二)山东容量补偿机制设计

《山东省电力现货市场交易规则(试行)(2020年7月修订版)》第10.7条明确:市场用户购电价格由综合市场价格、输配电价(含线损及交叉补贴)、政府性基金等构成。其中批发用户的综合市场价格由

容量补偿电价和市场形成的电量价格构成，零售用户的综合市场价格由容量补偿电价和其与售电公司签订的零售合同（套餐）价格构成。容量补偿电价执行省发展改革委核定价格（见表 6-2）。非市场用户执行政府定价。

表 6-2　山东容量补偿电价情况

序号	山东省发改委关于电力现货市场容量补偿电价有关事项
1	山东容量市场运行前，参与电力现货市场的发电机组容量补偿费用从用户侧收取，收取标准暂定为每千瓦时 0.0991 元（含税）。补偿机组范围、补偿费用收取（支付）方式等具体交易规则，根据山东能源监管办有关规定执行
2	容量市场运行后，发电机组通过容量市场收回容量成本
3	自 2020 年 6 月 1 日起试行，有效期至 2022 年 5 月 31 日

基于以上，发电企业（机组）的综合市场交易价格由容量补偿费用、市场形成的电量价格构成。发电容量补偿费用按照省发展改革委核定的容量补偿电价（元/度）向用户侧收取，每月结算一次，具体如下：

发电容量补偿费用＝机组月度可用容量×用户侧容量补偿费用/∑（机组月度可用容量），N 为全网所有市场化机组个数。

其中：

用户侧容量补偿费用＝容量补偿电价×全网所有市场化用户月度用电量。

机组月度可用容量＝[机组额定容量（高背压供热机组在高背压运行期间，取其出力上限）－执行政府定价部分容量]×机组月度可用小时数/当月总小时数（若为负数或 0，均按 0 处理）。

执行政府定价部分容量＝机组当月按政府定价结算的电量/[（当月具有容量补偿资格的所有机组按政府定价结算的电量＋当月全网市场化用户省内结算电量）/当月具有容量补偿资格的所有机组可调用容量（高背压机组出力上限）之和]。

机组月度可用小时数包括机组运行状态、备用状态下的小时数(小时数按取整原则统计)。机组计划检修、临故修(含缺煤停机)期间不计入机组可用小时数之内。机组已投产运行年限超过设计年限后,给予80%的发电容量补偿费用。

三、广东容量补偿机制案例分析

(一)电力现货交易基本情况

以2020年6月29日—7月5日为例,高峰时刻供需比最高为1.99,最低为1.41。低谷时刻,供需比最高为2.95,最低为2.24(具体见图6-3)。

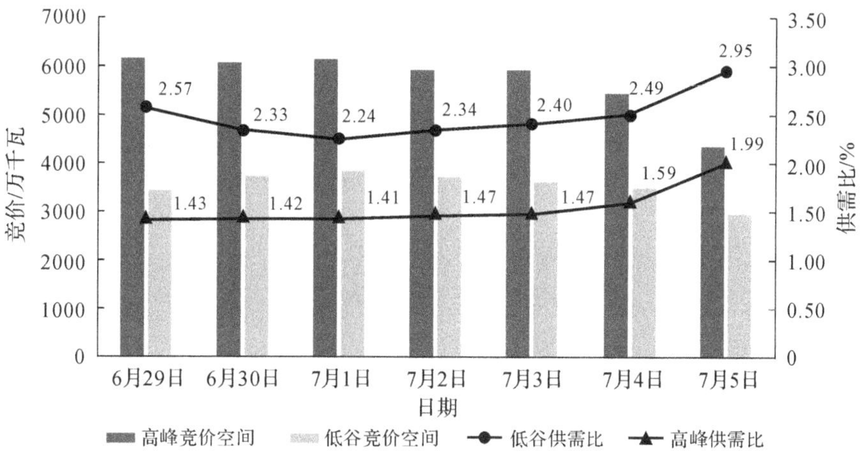

图6-3　广东现货市场交易供需比

日前市场中,发电侧加权平均价格存在一定波动(见图6-4)。每日最大值在221—422元/兆瓦时范围内,平均为346元/兆瓦时。每日最小值在70—107元/兆瓦时范围内,平均为79元/兆瓦时。

发电侧日平均价格存在一定波动。发电侧日平均价格在127—265元/兆瓦时范围内,周平均价格为214元/兆瓦时。

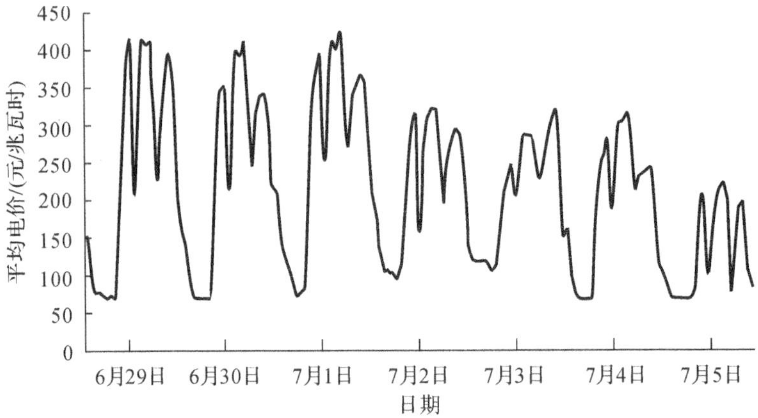

图 6-4　广东现货市场发电侧平均电价

(二)容量市场机制建设情况

针对现货市场竞争价格明显低于发电企业的上网参考价的情况，为推进电力现货市场建设工作，促进市场化机组固定成本有效回收，保障电力系统长期容量的充裕性，广东省着手出台容量补偿的实施细则。其主要思想是：

(1)按照容量度电分摊标准按月向售电公司(含直接参与批发市场的大用户，下同)收取容量电费，并根据机组有效容量占总有效容量比例补偿给各机组。

(2)现阶段，对售电公司现货电量(含现货偏差电量和绝对价格中长期电量，下同)收取容量补偿电费，同时，只对机组现货电量对应的容量实施补偿，对机组执行或参照执行政府定价电量(基数和价差中长期电量)对应的容量不予补偿。

(3)容量补偿的实施对象包括广东电力市场中获得与用户侧直接交易资格的发电机组，现阶段指广东省内 B 类机组。

按照各售电公司当月现货电量及容量度电分摊标准收取容量电费。售电公司容量电费＝售电公司当月现货电量×容量度电分摊标准，售电公司现货电量为负时置零。

机组容量补偿费用按以下公式计算：该机组容量补偿金额＝（Σ售电公司容量电费）×（该机组当月实际有效容量/当月实际总有效容量）。

（4）建立容量补偿标准动态调整机制，按月计算售电公司日前市场月度加权平均综合电价和容量补偿度电分摊总和，当其超过0.463元/千瓦时，启动售电公司容量度电分摊标准动态调整机制。

（5）交易机构负责计算机组容量补偿费用、计算售电侧分摊费用、出具结算凭证和信息披露相关工作；调度机构负责核定并出具机组有效容量。广东省能源主管部门会同国家能源局南方监管局对容量补偿工作情况进行指导和监督。

四、容量机制路径选择讨论

（一）初期应选择容量补偿机制

我们在与山东、广东相关部门交流中，都感觉到选择容量市场和稀缺机制的困难。

1.容量市场设计复杂

容量市场以市场竞争的方式形成容量价格实现发电容量成本回收，是竞争性电力市场的有机组成部分，主要适用于电能量市场发展已经相对完善的地区。但是，容量市场的设计复杂，在理论与实践上均须进一步完善，且对系统预测、市场管控等要求较高。英国与美国PJM容量市场都曾因市场设计问题陷入停滞期。

2.容量市场实操中体制约束多，与现阶段管理体制和未来转型发展的衔接困难

2017年，发改委、工信部、财政部等16部门联合印发的《关于推进

供给侧结构性改革、防范化解煤电产能过剩风险的意见》指出，要强化燃煤发电项目的总量控制。年度煤电项目规划建设风险预警等级为红色和橙色的省份，不再新增煤电规划建设规模，确需新增的按“先关后建、等容量替代”原则淘汰相应煤电落后产能。同时，推动能源清洁低碳安全高效利用是“十四五”时期我国能源发展的基本方向。随着我国提出二氧化碳排放力争于2030年前达到峰值，努力争取2060年前实现碳中和的目标，电力行业按下减碳加速键。

容量市场的交易标的是未来3—5年的发电容量。交易完成后，实操中面临发电项目总量控制和减排等体制约束，容量能否落地、企业能否顺利开工建设相应机组，存在较多变数。容量市场在实践中与现阶段管理体制和未来转型发展能否有效衔接，无论是项目核准部门，还是经济运行部门都难以给出确定性答案。

3. 现货的上下限约束紧，稀缺机制不成立

稀缺定价机制主要是在系统电能和备用稀缺的情况下提高电能价格。制定现货市场价格上限时，允许系统短时出现极高的价格尖峰，主要适用于社会对高电价风险承受力强的地区。稀缺电价仅反映短时的供需，会给系统长期容量充裕以及发电投资带来较大的风险。

我国对于电价上浮的管控严格，社会对高电价风险承受力弱，发电商并没有以高电价回收固定成本的空间。以我国第一批现货试点为例，8个试点均提出了市场限价的相关规定。其中，山东电力现货市场结算试运行期间，市场电能量申报价格上限为0.8元/千瓦时；广东给出的现货参数取值建议中提及，市场申报价格上限为0.665元/千瓦时；山西则直接以燃煤机组标杆上网电价作为申报价格上限。综上，稀缺定价机制无法满足我国电力市场建设中边际机组年度短时间运行的生存需要。

（二）容量补偿机制的"正向"与"逆向"方法

1. 逆向方法

山东和广东的容量补偿机制采取的是以收定支的逆向方法，即首先明确在用户侧的收费标准，然后按标准收费后分摊至发电企业。

2. 正向方法

容量补偿机制典型的正向确定方法，在《国家发展改革委关于印发电价改革实施办法的通知》（发改价格〔2005〕514 号）中有具体描述，虽然该办法已经失效，但相关思想值得借鉴。

该文件指出，建立区域竞争性电力市场并实行竞价上网后，参与竞争的发电机组主要实行两部制上网电价。其中，容量电价由政府价格主管部门制定，电量电价由市场竞争形成。容量电价逐步过渡到由市场竞争确定。政府制定的容量电价水平，应反映电力成本和市场供需状况，有利于引导电源投资。

容量电价以区域电力市场或电力调度交易中心范围内参与竞争的各类发电机组平均投资成本为基础制定。计算公式：

容量电价＝容量电费/机组的实际可用容量

其中：容量电费＝K×（折旧＋财务费用）；K 为根据各市场供求关系确定的比例系数；折旧按政府价格主管部门确定的计价折旧率核定；财务费用按平均投资成本 80％的贷款比例计算确定。

容量电费由购电方根据发电机组的实际可用容量按月向发电企业支付。

3. 优缺点比较

正向方法依据容量价格计算每月容量成本，然后分摊到用户，电网公司工作量大、操作复杂，用户接受程度低，与现行价格体系的衔接不顺畅。

逆向方法在用户侧的收费计算工作简洁、确定性强，发电侧获益水平可测算、确定性也比较强。虽然发电侧存在欠补偿或者过补偿，但调研中发用双方表示都可接受。

（三）机组成本差异、容量费用来源及对新能源机组的公平性

伴随技术进步，风电和光伏的成本快速下降，IRENA 报告发现，在 2018 年，太阳能光热价格下降了 26%，生物质能价格下降了 14%，太阳能光伏和陆上风电价格均下降了 13%，水力发电价格下降了 12%，地热能和海上风电价格下降了 1%。由图 6-5[①] 可以看到，除了太阳能光热略高于化石能源的最低成本外，其他类型的可再生能源的全球平均平准化成本已经比化石能源低。

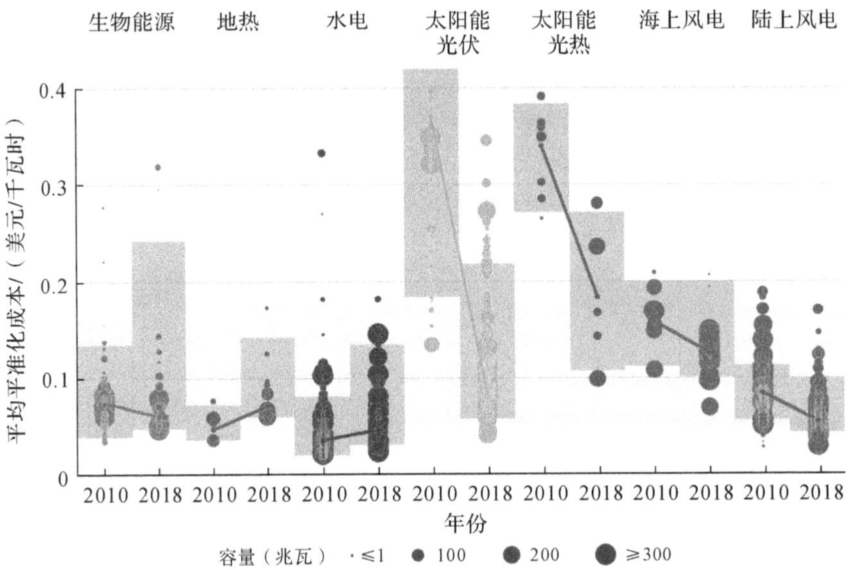

图 6-5　可再生能源发电技术成本及与化石燃料发电成本区间对比

① 把全球可再生能源 2010 年到 2018 年的平均平准化成本可视化了，颜色最浅的阴影区域为低于最便宜的化石能源发电的成本区间。

调研中了解到，山东考虑比较多的是燃煤机组与核电机组的成本差异，广东顾虑较多的是燃煤机组与燃气机组的成本差异。

取消燃煤机组上网标杆电价前，山东的上网价格是0.3949元/千瓦时，山东规定，对承担AP1000自主化依托工程的山东核电有限公司海阳一期项目，2021年底之前设计利用小时以内电量上网电价按照每千瓦时0.4151元标准执行。

取消燃煤机组上网标杆电价前，广东的上网价格是0.4530元/千瓦时。广东省天然气发电机组分为三种类型，分别为9F型及以上机组、9E型机组、6F型及以下机组。各类型机组在限定的年利用小时数内，执行规定的上网电价；超过部分的上网电价统一为每千瓦时0.463元。各类型机组上网电价详见表6-3。

表6-3　广东燃机电价情况

机组分类	年利用小时	上网电价/(元/千瓦时)
9F型及以上机组	3500小时(含)内	0.605
	3500小时以上	0.463
9E型机组	4000小时(含)内	0.63
	4000小时以上	0.463
6F型及以下机组	5000小时(含)内	0.64
	5000小时以上	0.463

山东省和广东省容量费用均来自用户市场化电量部分，政府没有额外的补贴。

山东省和广东省的现货交易中，风电光伏等机组不参与，所以尚未涉及其与常规机组的公平性问题。

第二节　容量保障机制的国际经验

一、概述

国际上，电力市场环境下可以通过稀缺定价机制、容量市场和容量补偿机制三种方式保障发电容量。

（一）稀缺定价机制

稀缺定价机制主要是在系统电能和备用稀缺的情况下提高电能价格。制定现货市场价格上限时，允许系统短时出现极高的价格尖峰，主要适用于社会对高电价风险承受力强的地区。

例如，澳大利亚国家电力市场实行纯能量市场稀缺定价机制，发电机组在现货市场中允许的报价上限为13500澳元/(MW·h)，而燃煤机组燃料成本仅约20澳元/(MW·h)，发电商可以通过高报价来响应系统供需紧张，从而回收固定成本。

稀缺电价机制不需要依赖额外的机制来支付容量，仅仅依靠市场设计简单透明的单一电能量市场，不需要规定容量需求，不需要额外监管措施，系统可靠性和电源投资水平由市场参与者根据市场条件来确定。

但是，稀缺电价仍仅反映短时的供需，这种方法可能会出现负荷削减或价格飙升现象，其实现长期发电容量充裕性的能力仍然面临巨大的不确定性和公共政策风险，这对于政策的制定者、执行者，以及发电投资者都是严峻的考验。

（二）容量市场

容量市场以市场竞争的方式形成容量价格实现发电容量成本回

收，是竞争性电力市场的有机组成部分，主要适用于电能量市场发展已经相对完善的地区。

容量市场机制有一个目标容量水平，且容量价格在不同的容量需求变化下产生波动，有利于发电企业根据负荷变化情况进行投资决策，也使得平均投资成本不会过高，最终降低终端用户的电价。该机制的核心是装机容量需求曲线，表征容量电价与总容量的函数关系。该曲线主要根据过去的运营经验制定，如果不能如实地动态反映在不同容量充裕度水平下发电容量的真实价值，对最终市场形成的容量电价水平影响极大。

英国、美国 PJM、日本都实施了容量市场机制。但容量市场的设计在理论与实践上均须进一步完善，比如英国，因有人投诉容量市场的相关设计及 2014 年拍卖结果利好电源侧、忽视需求响应，欧盟 2018 年 11 月暂停了英国容量市场一年。另外，容量市场对市场管控要求较高，比如日本于 2020 年 7 月就 2024 年度的发电容量进行招标，价格高达 14137 日元/kW，仅象征性地比最高限价低 1 日元/kW，舆论哗然，呼吁调查是否存在市场操纵。

（三）容量补偿机制

容量补偿机制是对发电企业的装机容量或可用容量进行直接补偿以刺激发电投资的方法。在该机制下，由政府或监管机构根据负荷预测、对用户停电损失的评估、要求的系统可靠性水平和发电机组的可用性等因素，确定容量电价。发电企业按其装机容量或可用容量获得收入，所能引导出的装机容量大小由市场确定，成本由用户承担。

比如智利，在国家能源委员会的领导下由独立顾问委员会每 4 年对容量电价的计算公式和计算常数进行一次测算，国家能源委员会每半年根据汇率、物价变化对容量电价进行一次调整。国家电力调度机构按照一套完整的法定方法决定发电机组在负荷高峰时的可用容量。

发电机组根据其可补偿容量及可用性获得月度容量补偿。2010—2020年智利容量电价基本保持稳定，在7—13美元/(千瓦·月)间波动。

容量补偿机制可以促使发电企业保持机组的可用性，主要缺点是市场化的“味道”不足，如何核算单位容量补偿标准和各发电机组可补偿容量是难点，可能会引发过补偿和欠补偿。

综上，国际上实际运营的电力市场，在如何保障系统的发电容量方面没有统一的答案，需要的是结合各自的经济、社会，甚至文化来总体研判决策，并且措施仍在不断调整、完善。各国设立容量机制主要目的，一是保证电力充裕性，引导发电投资；二是提高成本效益和能源经济性；三是支持新能源发展，促进能源低碳转型。各国容量机制的顺利实施的关键因素，一是系统充裕性评估与信息公开；二是严格的市场力监管；三是价格风险的防范措施。

二、英国容量市场

（一）背景

随着能源安全性、经济性和低碳化的发展，英国实施以建立容量市场为主的第3次电力市场改革。政策出台背景是：(1)能源的更新换代，未来，随着老旧的燃煤发电站和核电站的陆续关闭，整个英国的发电能力将减少1/4；(2)2050年英国电力需求增幅较大，预计增加30%—60%；(3)低碳机组间歇性较强和调度灵活性较差的特点对系统的备用容量提出了较高要求，但由于其极低的运行费用，低碳机组发电容量的增加会挤占现有常规机组的发电空间，导致很多非低碳机组过早地退出。

英国能源气候变化部（the Department of Energy&Climate

Change，DECC）在2013年底颁布的《英国电力市场改革执行方案》中指出，希望通过建立容量市场，为容量提供稳定、持续性的新刺激，保证现有容量机组的营利能力，维持投资者对新建容量机组的热情，减少目前较高的容量储备所带来的资金流失。

（二）市场设计内容

英国容量市场的范围包括英格兰、威尔士和苏格兰，不包括北爱尔兰。英国容量市场以拍卖形式进行，标的物为容量交付年系统所需的发电容量。拍卖对于任何一个容量交付年提前4年举行，包括一级市场和二级市场。除供应侧外，需求侧资源也可参与。容量价格通过竞价拍卖确定，所交易的容量由英国国家电网公司代表售电公司进行收购，中标的容量必须保证在系统需要时能提供电能，否则将面临处罚。

英国的容量市场主要分为五个环节：

一是由英国能源和气候变化部根据电力调度机构对满足系统长期可靠性标准所需容量的分析和系统尖峰负荷的预测结果，确定容量需求。

二是进行一级容量市场的拍卖。容量市场是技术中立的，除已经有差价合约，小规模发电的固定电价制度和可再生能源义务的容量外，所有现有的和新建的容量都有资格参加容量市场的拍卖。主市场（一级市场）是先于交付年4年的拍卖，满足绝大部分的容量交易。存量发电容量默认可得到1年后交付的容量合同，新改造的电站可以得到为期3年的容量合同，而更长的容量合同主要给新建电站。

三是开展二级容量市场交易。二级市场是先于交付年1年的拍卖，容量提供者可以在该市场中对他们的容量进行二次交易，实现容量调整。二级市场的交易可以是物理交易，也可以是金融交易。对容量提供者来说，二级市场是他们规避容量市场惩罚风险的重要工具。

四是竞标成功的容量提供者将在交付年得到相应的报酬。容量提供者需要履行在交付年有需要时提供能量的义务，否则就要面临与停电损失相关的罚款。

五是容量合同的费用由售电商承担，依据其交付年在电能市场中所占份额进行结算。费用由售电商经结算机构交给容量提供者，如果容量提供者面临罚款，他们的罚款也会经结算机构交给售电商。

（三）运行情况

英国能源与气候变化部与英国天然气和电力市场办公室认为预估容量市场的引入可以改善英国电力系统的可靠性。2014 年 6 月，能源与气候变化部发布《容量市场影响评估》，指出容量市场减少了尖峰电价的发生。2014 年 10 月，英国能源与气候变化部发布《实施计划影响评估》指出容量市场将为英国 2012—2030 年带来至少 6 亿英镑正净现值的积极影响。

英国于 2014 年 11 月进行首轮容量拍卖，容量交付年为 2018－2019 年度，英国政府将此次目标交易容量定为 48.6GW。2014 年 12 月政府揭晓竞拍结果，以 19.40 英镑/（kW・a）的出清价格成功拍卖 49.26GW 容量。

2018 年 11 月 15 日，欧盟法院的一项判决撤销了欧盟委员会 2014 年 7 月对英国容量市场的国家援助批准，理由是有人认为容量市场的相关设计利好电源侧，而忽视了需求响应的利益和诉求，欧盟委员会理应对该计划进行第二阶段调查。这一判决意味着，容量市场将暂停市场拍卖计划，在重新获得法院批准之前，政府无法完成容量付款或签署相关容量授权协议。

2019 年 10 月 24 日，欧盟委员会结束调查，发现自 2014 年以来，包括在接受欧盟委员会调查期间，容量市场符合欧盟国家援助规则，从而终止了停滞期。

三、美国 PJM 容量市场

（一）背景

PJM 是宾夕法尼亚—新泽西—马里兰电力市场的独立运营商，位于美国东部。PJM 将容量市场定位为一种正式的市场机制，具行政监管和市场竞争双重成分，以分配为保证特定可靠性而带来的容量成本。

美国 PJM 市场建立后，在单一能量市场的环境下，有两种情况造成价格上涨：一是在能源价格上涨期间，价格由低效的边际机组的成本设定；二是在由容量不足导致的价格上涨期间，价格由失负荷价值决定。PJM 评估后认为，在当时的价格上限的限制下，新的峰荷机组远远不能收回其成本，造成发电企业普遍推迟对新建机组的投资，影响了未来电力供应的充裕性。由此，PJM 提出建立容量市场来保障电力市场发电容量充裕性。

PJM 于 1999 年开创容量信用市场（CCM），然而其市场机制设计存在缺陷，易被部分市场成员操纵而引发局部区域可靠性不足等问题。经过多次被管制、市场设计调整和重新开市后，容量信用市场最终于 2007 年被基于可靠性定价模型的容量市场（RPM）取代。

（二）基于可靠性定价模型的容量市场（RPM）

PJM 容量市场由多重拍卖市场组成，包括 1 个基本拍卖市场（BRA）、3 个追加拍卖市场和 1 个双边市场。容量市场的成员由负荷资源和发电企业组成。PJM 区域内的存量机组，必须作为电源提供者参与基本拍卖市场。区外机组、规划中的机组、现存的或规划中的负荷资源，以及获得审批的输电扩容工程可以自愿选择参加基本拍卖市场。存量机组或负荷资源，如果没有参与基本拍卖市场的报价，则失去了参与任何一次追加拍卖的资格。在容量市场中获得出清的机组，必须参加相应容量交付年电能量市场的竞价。

PJM 将每年的 6 月 1 日至次年的 5 月 31 日，定义为一个容量交付年。基本拍卖市场在每个容量交付年的前 3 年的 5 月份举行。PJM 通过基本拍卖市场获得足够的容量，并将容量购买费用按负荷比例分摊给区域内的各负荷服务商（load serving entity，可以理解为一个供电企业）。

在基本拍卖市场出清之后，随着时间的推移和信息的更新，在每个容量交付年之前，PJM 的容量市场还通过 3 次追加拍卖来修正和协调市场变化的需要。

此外，PJM 采用划分容量输送区域的方式来处理地区输电约束问题，划分容量输送区域基本思想是将传输约束地区和不受约束地区的价格分离开。

（三）运行情况

美国 PJM 基于可靠性定价模型的容量市场自运行以来效果良好，被国际能源署列为典范。容量市场的收益是各类机组收入的补充，可刺激新建机组的投资，电力系统可靠性得到了保障。容量市场灵活性较好，既可应对天然气和煤炭的价格波动，又能在环保政策的导向下考虑可再生能源发电机组的接入。随着美国环保指标逐年严苛，2014—2015 年 PJM 的容量价格提高了 34%，有效缓解发电企业进行环保升级的经济压力。

PJM 容量市场的运行有效激励了需求侧资源，鼓励新技术的投入运行。2011 年，需求侧参与电力市场交易所得总收益的 97.7%均来自容量市场，约 4.87 亿美元。

然而 2020 年美国环保组织自然资源保护委员会和塞拉俱乐部发布的经济分析报告显示，PJM 高估其十多年来的发电容量需求，并向发电商支付两倍成本以上的容量费用，致使用户每年多缴电费44亿美元。报告显示，系统的目标备用裕度约为峰荷预测值的16%，而可靠性定价模型拍卖出清的备用裕度约为峰荷预测值的20%，使用容量交付年的峰荷预测值进行再测算后，几乎所有年份的备用裕度都高于24%，累计产生超过15000MW的过剩容量。报告称，过度采购问题仍在逐渐恶化，无法在短期内得到解决。

四、澳大利亚纯能量市场稀缺定价机制

（一）背景

澳大利亚于1990年开始电力市场化改革，境内的两个电力市场分别为国家电力市场和西澳电力市场。澳大利亚国家电力市场（NEM）于1998年底正式成立，覆盖昆士兰、新南威尔士、澳大利亚首都领地等6个行政地区，范围内有900余万名电力用户，总电量约占全国的89%。

澳大利亚国家电力市场分为现货市场和电力金融市场，没有设立容量市场，实行纯能量市场稀缺定价机制。市场成员在澳大利亚能源市场运营机构（AEMO）的组织下进行电力交易，发电侧和零售侧成员可通过电力金融市场规避现货价格风险。

（二）纯能量市场稀缺定价机制

1. 市场交易

澳大利亚国家电力市场采取电力库模式，符合相关标准的联网发电机组均要参与竞价上网。市场运营者集中组织电能交易，同时拥有调度市场内联网机组的权力。零售商和部分大用户在市场中购电，但用户不报价。

现货市场只有实时市场，没有日前市场，从日前16：00开始对次

日交易进行滚动预出清并向市场主体发布出清结果，发电主体可以在此期间修改报价，但必须注明修改的理由。该现货市场各价区以5min为时间节点进行交易，市场出清结果即时公布。辅助服务市场负责5min内的电力平衡，确保系统稳定。发电主体的结算价格为实时出清的节点边际价格。

发电机组报价不考虑空载、启停和可变成本，为纯电量形式。机组允许的报价上限为13500澳元/(MW·h)，对于约20澳元/(MW·h)的燃煤机组燃料成本来说，机组报价范围相当大。由此可见，电能量稀缺价格均来自发电侧报价，发电商可以通过高报价来反映系统电能不足，从而回收固定成本。

2. 信息披露

为防止发电商恶意报价等行为、促进市场健康发展，澳大利亚建立了公开透明的信息披露制度，向电力用户提供可靠的实时市场信号。各价区出清价格即时公布，次日市场也将公开各机组申报的出力和价格。同时市场公开对系统长期和短期充裕度评估的信息，充分考虑负荷波动、发电机组检修或强迫停运等情况。信息披露制度既可避免发电商市场力的滥用，也可向用电侧传达系统真实的供需情况，促进市场的充分竞争。

3. 风险防范

澳大利亚国家电力市场允许发电商在电力供不应求之际，以远高于可变成本的报价来反映电能资源稀缺的情况，这是一种经济持留的市场力行为，属于临时市场力。为防止其滥用市场力、损害需求侧用户的利益，NEM设计了一种规则以限制发电商的报价——若发电商频繁以稀缺价格参与市场竞争，报价上限将降为300澳元/(MW·h)。

现货市场中实时电价剧烈波动，市场成员可参与电力金融市场规避风险。澳大利亚国家电力市场先后引入了电力差价合同、电力期货和电力期权等电力金融衍生品，且电力金融市场接受金融业机构的监督管理。澳大利亚存在一类特殊的电力金融合同——单向封顶差价合约(cap futures contracts)，能够帮助市场主体规避高电价风险。近年来，期货市场上交易的电量已达到现货市场的 2 倍，有效削弱了现货市场发电侧的市场力，电价逐渐趋于平稳。

五、智利容量补偿机制

(一)背景

智利的现货市场与欧美等国的市场不同，所有发电企业不报价，只需上报可用容量及其运行成本(燃煤、燃气机组需提交燃料供应合同)，发电侧现货市场运营中心审核其运行成本。现货市场以总发电成本最小为目标，基于某时点的系统负荷和机组发电边际成本进行安全经济调度，边际出清形成电能量市场价格。当由较高的变动成本设定市场价格时，变动成本较低的发电企业除了能够在现货市场回收其变动成本，还能够回收一部分固定成本；而市场中变动成本最高的机组只能从现货市场回收其变动成本。因此，为帮助发电企业回收固定成本，智利通过监管机构制定的容量价格为发电企业提供容量补偿，从而对竞争性发电侧现货市场起到补充作用。

(二)容量补偿机制

智利容量补偿机制的操作流程分三个步骤：

一是制定容量电价。智利国家能源委员会决定容量电价。在智利国家能源委员会的领导下，由独立顾问委员会每 4 年对容量电价的计算公式和计算常数进行一次测算，测算方法是基于系统高峰负荷期间运行的边际发电机组（一般是柴油发电机组）的投资成本，考虑投资回收周期、系统备用率、货币贴现率、通货膨胀指数、汇率等因素，确定容量电价。容量电价实施后，智利国家能源委员会每半年根据汇率、物价变化对容量电价进行一次调整。

二是确定每台机组可补偿容量。智利国家电力调度机构决定发电企业能够获得补偿的容量。智利的容量补偿机制并不是简单地直接补偿发电企业的装机容量，而是由智利国家电力调度机构按照一套完整的法定方法决定发电机组在负荷高峰时的可用容量，定义为可补偿容量。发电机组根据其可补偿容量及可用性获得月度容量补偿，发电企业的总收入等于其电能量收入和容量收入之和。

三是进行容量补偿费用结算。智利国家电力调度机构只提供容量补偿的清算依据，发电企业自行进行容量补偿结算，发电企业依照可补偿容量获得容量补偿，同时发电企业也按照购售电合同在系统负荷最高时段的用电负荷来支付相应的容量费用。

容量补偿机制的容量电价与可补偿容量都是在智利政府的主导下确定的，其采用行政手段向发电机组支付容量费用，帮助发电机组回收固定成本，以确保系统容量的充裕性并刺激新建机组的投资。2010—2020 年，智利容量电价基本保持稳定，在 7—13 美元/（千瓦·月）之间波动。

六、日本容量市场首次招标情况

随着日本电力市场的全面开放及可再生能源发电的大量导入，传统电源的收益受到打压，投资回收的不确定性增加，降低了电源投资的信心，日本中长期电力供应形势不容乐观。为此，作为电力体制改革的后续措施之一，日本建立了容量市场制度，并于 2020 年 7 月就 2024 年度的发电容量进行招标。

招标由日本电力广域运营推进机构(OCCTO)组织,发电商自愿参加。计划招标容量1亿7747万kW,设定指标价格9425日元/kW,上限价格14138日元/kW。容量费由输配电企业及全体电力零售商分摊,2024年度输配电企业约占8.9%。

原定于2020年8月公布招标结果,OCCTO却一拖再拖,迟迟不能公布结果,引发业界的猜疑。9月,OCCTO终于公布招标结果,虽然足额落实了计划招标量,但价格却高达14137日元/kW,仅象征性地比最高限价低1日元/kW,舆论一片哗然。民众认为国民电费负担会增加;新电力企业认为传统电力企业的竞争优势会进一步强化;能源环保社会团体质疑招标规则的公正性与合理性;传统电力企业集体失声,似乎默认取得了不正当利益。监管机构电力燃气交易监视委员会虽然表示当前尚未发现有市场操纵现象,但也要求经产省重新探讨制度设计的合理性。

可以确定的是,本次容量市场招标是日本自1995年电力体制改革以来引起非议最大的改革举措。

第三节　积极稳妥建立容量保障机制

结合能源转型进程和政府治理能力提升进程,我们建议,“十四五”时期前半程,在现货市场不断深化试运行期间,多观察研究,不要急于建立容量补偿机制;后半程在必要的省份择机出台容量补偿机制;“十五五”在能源转型实施路径较为确定后,着手研究开展竞争性的容量市场。

(一)“十四五”不宜开展竞争性容量市场

容量市场的设计复杂,在理论与实践上均须进一步完善,且对系统预测、市场管控等要求较高。就我国而言，容量市场还必须考虑能源转型的诸多约束。为实现二氧化碳排放力争于2030年前达到峰值的目标，基于“十四五”时期诸多省份仍有上马较多高耗能产业的冲动，不排除政府出手强力干预发电投资的情况。容量市场的交易标的是未来3—5年的发电容量，交易完成后，实操中面临发电项目总量控制和减排等体制约束，容量能否落地、企业能否顺利开工建设相应机组，存在较多变数。容量市场在实践中与现阶段管理体制和未来转型发展能否有效衔接，无论是项目核准部门，还是经济运行部门都难以给出确定性答案。

（二）积极研究、审慎推进容量补偿机制

理论上，现货市场按边际成本定价，中长期市场按平均成本定价，现货价格在较大范围内波动、但平均水平一般低于中长期交易价格。但对于处于计划与市场并存的“双轨制”模式的我国电力市场而言，市场主体尚在发育，一些发电企业尚未把握市场规律及竞价策略，存在为了保障发电利用小时数而不惜报低价的冲动。在现货市场刚刚开始实践，尚未较长周期试运行、尚不清楚现货市场的出清价格规律的情况下，急于出台容量补偿机制并不妥当。

事实上，电力市场建设应该以系统性思维统筹推进，不考虑中国国情一刀切简单化地引入集中式现货模式其本身就值得商榷。在改革初期相关配套机制不完善的情况下，因市场模式引起的现货价格扭曲，不能依赖容量机制解决根本问题。

此外，十分重要的是现货市场电量所占份额并不多，比如国家发改委《关于做好2020年电力中长期合同签订工作的通知》（发改运行〔2019〕1982号）要求，“保证市场主体电力中长期合同电量不低于上一年用电量95%或近三年平均用电量”。面对碳达峰及能源转型发展的迫切要求，因5%电量对应价格的偏低，仓促出台针对性很强的价格补贴政策,极易引起强力支持煤电发展、不愿引导煤电有序退出的非议。

建议对已经出台的山东省容量补偿机制,加强跟踪研究;尚未出台补偿机制的省份,充分测算、稳妥论证,不要操之过急。

第七章　激发需求侧潜力　加快发展虚拟电厂

第一节　从需求侧管理到需求响应

需求侧管理的内涵和效应在我国已逐步被人们所认识。从需求侧管理到需求响应，绝不是一个简单的概念搬弄，而是一个质的拓展。需求响应重在运用基于市场的价格去影响需求的时间和水平；而需求侧管理重在采用市场价格手段之外的更为广泛的一些措施，如提高终端用电效率和峰荷转移等。

一、什么是电力需求响应

什么是需求响应呢？简单地说，需求响应就是将电力市场需求侧带回到价格设定过程中的一系列策略。需求响应按内容又可以分为系统导向和市场导向 2 种。具体的需求响应项目则不计其数：从分时电价到实时电价，再到两者结合的关键峰荷电价（CPP）（其典型成功案例就是法国的 Tempo 项目），以及在单一固定电价和实时电价这 2 个极端之间无数的价格创新产品；从紧急需求响应项目到需求侧投标

(DSB)市场;从补偿式可中断负荷到可中断远期合约(该合约含较低的合同价格和较高的中断价格,当实时价格超过中断价格时中断负荷,需求方得到中断价格);等等。所有这些项目的一个立足点就是:放松零售价格管制,促进电力价格品种的创新,归还需求响应的机会,促进需求响应的能力(提高需求弹性),以便在系统约束时能有效平衡发电侧的市场力,将电力价格送回边际成本。

和世界上大多数国家尤其是发展中国家一样,我国已经选择了一条以单一买方的单边开放模式为起步模式的循序渐进的电力改革之路。从本国市场基础的实际情况和电力工业的承受能力出发,这固然没有错,但如果不能从一开始就注重防范矫正单边电力市场固有的稳定性差的问题,这一模式将是一个危险模式。从这个意义上来说,在我国及早引入需求响应意义非常重大,其意义已远远超出以往需求侧管理项目的局部地域性和单个项目性,即其不仅是提升某个地区的用电效率的对策,而且也是提升整个电力市场的稳定水平和运行效率的对策。也就是说,在市场规则的设计和市场的构建中,要从一开始就引入供应侧和需求侧双方资源来进行价格设定和发现工作。

二、需求响应和需求侧管理的关系

需求响应和需求侧管理有一定的相关和重叠,但两者更多的是侧重点的不同。事实上,增加需求响应必然能够为需求侧管理很多措施的实施(如房屋热绝缘、节能照明)及节能项目的推广提供更好的经济激励;而需求侧管理项目又可以更充分地发挥、放大需求响应项目的效应。一般来说,需求响应要具备一个前提,那就是电力市场在某种程度上的开放,即具有电力实时市场价格和发现市场价格的机制。引入需求响应的主要目的之一就是使这一价格发现过程更有效,而需求侧管理则不需要这样的前提。

如前所述，需求响应包括系统导向和市场导向 2 种形式。系统导向的需求响应是由系统运营者、服务集成者或购电代理商向消费者发出需要削减或转移负荷的信号，通常基于系统可靠性程序；负荷削减或转移的补偿价格由系统运营者或市场确定。而市场导向的需求响应则是让消费者直接对市场价格信号作出反应，产生行为的或系统的消费方式改变；价格是由批发市场和零售市场之间互动的市场机制形成。

可以看出，系统导向的需求响应和需求侧管理具有很大的相关性。西方有些学者把需求侧管理中影响消费行为的项目称为负荷管理项目，而把影响消费方式的项目称为能源效率项目。负荷管理项目可以看作市场改革之前的需求响应项目，这些项目在市场改革后发展为系统导向的需求响应；而能源效率项目则在市场改革后仍由政府管制机构和大量的能源服务公司推动和运作。在传统电力工业结构下，负荷管理项目可作为电力公司削减峰荷容量投资和推迟网络升级投资的一种工具。这些项目包括直接的负荷控制和调整、高峰期电价、分时电价等。需要指出的是，在市场改革前作为负荷管理工具的高峰期电价和分时电价，虽然在市场改革后仍然是需求响应的重要工具，但前后存在着本质的区别：前者是作为垄断电力公司的负荷管理手段，消费者只能被动接受而无选择权；后者则是消费者的一个电价选择，消费者可以自主决定是否参与。

负荷管理项目一般由电力公司操作。由于这些垂直整合的公司包含了整个电力供应链，因而，他们能够获得项目的大部分经济效益和环境效益，可以形成自我激励。能源效率项目则在某些方面会与电力公司的利益相冲突，一般要由政府去推动。在能源服务公司出现之前，如果一定要由电力公司去运作，则必须有相应的与绩效评估挂钩的激励手段。

总之，需求侧管理只是作为电力公司的一个负荷管理工具或政府提升能源效率的手段，而需求响应则是全面参与电力市场的新资源：在零售市场，通过价格品种的创新，为消费者提供价格选择和价格导向；在批发市场，为系统运营者提供经济调度手段，作为增加市场灵活性的新的市场资源；在系统安全市场，则全面参与辅助服务市场、容量和备用市场的投标；在网络可靠性方面，同样提供分布的输配电网缓解资源，并在网络规划中作为和供应侧资源对等的资源；在效率和环境方面，通过补偿峰荷容量，促进能源节约、效率提升和环境改善。需求响应作为一种新的市场资源，平衡制约供应侧的市场力，维持市场的稳定。

三、需求响应的重要内容是提供需求侧选择

需求响应的前提就是需求侧选择。这不仅是指让消费者有选择供电商的权利，更重要的是让消费者在电能产品、用电服务产品和电力价格产品的组合上有选择权。需求响应的最重要的内容就是电力价格品种的无限创新，并让消费者自主作出选择，接受对其成本降低最有效的电力价格品种。

理想的电力市场要达到的目标就是：让成本最低的生产者获得生产资源和市场资源，让价值赋予（也即使用效应）最高的消费者获得产品分配。价格的角色就是忠实地传递生产者成本信息和消费者支付意愿信息。从电力生产者这一方面来看，不同时段、不同特性的机组有不同的电力生产成本，不同系统约束状况、不同地理区域的电网有不同的电力传输成本，搭建发电市场就是为了去寻找、捕捉电力生产和传输的边际成本。但更重要的是要把这一成本信息有效地传递到终端，同时还要让终端用户能有效地表达他们的价值赋予，并反馈回来形成价格。

一个真正竞争的电力市场，消费者应该被置于市场的中心。要促使供电公司专注于“顾客的需要是什么，他们的支付意愿是多少”这2个问题。消费者有一个支付意愿，反过来也有一个不愿意支付的临界点，即某一消费的价格上限。但在实际市场中，譬如说，在医院急诊室的电力供应价值应远远高于在花园浇水的电力供应价值，尽管有显著的价值差存在，但消费者并没有什么机会去表达这样一种价值赋予，且在网络约束时面临着相同的停电风险。如果现在把消费者置于真实的、变化的供电价值和成本面前，让他们在不同的价值和电力供应之间作出选择，有些消费者可能会选择在某些时候接受停电或削减负荷，以避免高昂的价格并得到一定的补偿，而另外一些消费者会选择接受高昂的价格而要求确保供电。

消费者的价格选择还体现在平稳价格和波动价格之间的一种自主选择：一些消费者可能愿意选择单一固定的价格，但他们实际上要为此多支付一个“保险费用”；另一些消费者可能愿意选择与实时成本不同形式不同程度挂钩的浮动价格，其极端就是完全挂钩的实时价格。在单一固定价格和实时价格之间，可存在无数的中间价格品种如各种分时电价、关键峰荷电价、设上限的实时电价等。显然，从固定价格到实时价格，风险由低到高，而“保险费”和平均价格从高到低。

所以说，电力价格选择要足够地差异化以便为消费者提供反映他们价值门槛的机会。如果消费者对电能使用、供应服务保障和价格平稳性的价值赋予能在市场中得到充分表达，那么市场各方就都能作出最优投资决策，从而使整个社会经济福利最大化。

四、需求响应的完美形式是实时电价

引入需求响应的形式有很多种，而实时电价是其中最为完美的一种。这里所说的实时电价，并不是在理论上分析的严格跟踪边际成本的“瞬时电价”，而是将终端用户价格与批发市场出清价格直接或间接相联系的一种电价，又称动态定价。

实时电价的替代方案同样有很多种，这些替代方案可以归为 2 大类：一是从固定电价到实时电价之间的各种价格产品，包括分时电价；二是通常所说的“负负荷方案”(negawatts)，一般都是基于特定时间消费者减少消费，提供支付，包括可中断负荷、可选择合同及需求侧投标等。

分时电价在全球有着广泛的应用，在我国也已得到大规模推广。市场改革前被强制推广的分时电价在取得成效的同时往往产生较多的负效应；即使在培育充分的电力市场中，分时电价的优点也不那么明显。这是因为分时电价是提前设定的且在比较长的时期内是固定的，这就对售电商在设计分时电价时对批发价格曲线的预测，以及对顾客价格弹性研究的要求非常高，且无法应对负荷特性的变化。而实时电价则全然没有这种固化带来的不灵活，同时还可以更好地增加批发和零售价格之间的透明度。

至于“负负荷方案”，即使在其得到最好的设计和执行的情况下，也只具有实时电价机制的某些优点，而两者实际上的执行成本差不多。例如，实行可中断负荷，需要与实时电价机制相同多的实时电价表计设备，需要相同多的价格、负荷、边际备用容量的信息传输，而且这些减负荷的项目还存在更困难的问题即如何确定支付的基准。除非这些方案为强制性的，且基准的设定完全基于不由消费者控制的信息（如往年负荷信息），否则，这些方案都很容易受制于人为操纵和自我选择。

许多经合组织（OECD）国家都推行了消费者可选择的实时电价项目，收到了非常好的效果。从对这些项目执行情况的分析来看，消费者对实时价格的负荷响应是很显著且持续的，并且价格越高，负荷响应强度越大。实时电价项目的推行，起到了非常显著的“磨平价格钉”(price spike)的作用。有研究表明，如果有 5%的电力消费实行实时电价，那么哪怕其需求弹性只有 0.1，超高的峰荷电价也会降低近 40%；如果对 10%的零售负荷实行实时电价，假设其需求弹性有 0.2，则峰荷价格可以下降 73%以上。对美国 PJM、新英格兰等几个电力批发市场的研究表明，批发市场有容量约束时产生的极端价格，对零售价格的影响很大，但事实上这种极端价格持续的时间又很短。据统计，在新英格兰，1%的高峰价格期的电力供应占据了 15.8%的批发市场电力供应成本（负荷加权平均）。而如果增加需求响应将会显著降低这些高峰价格，从而使所有的消费者获益。从中长期来看，更强的需求侧价格弹性意味着高峰价格将不会那么凸显，而是会有更长时间的较高的价格，作为对提升需求响应能力的必要投资的回报。也就是说，需求响应的主要作用在于形成波动更小的更平坦的价格曲线，然后才是形成更低的批发价格。批发价格会更具可预测性，合同价格更容易确定，所有参与者的风险都得以下降从而使得市场运转更有效。

第二节　电力需求响应和能源革命

电力需求响应在全球电力市场化改革过程中应运而生并不断发展，人们对其意义和作用的认识也不断深化，但随着能源革命的深入推进，我们可能会发现所有这些认识都是低估。

一、电力需求响应是与供应侧对等甚至优先的系统资源

在电力市场化改革后，电力需求响应作为与供应侧对等甚至优先的系统资源，渗透到市场的每一个环节和每一个市场参与者。发电商可以把需求响应当作其非计划停运的一个风险回避工具；系统运营者可以把需求响应作为一个经济有效地匹配供需、保持系统稳定的工

具;网络运营者可以把需求响应作为一个缓解网络阻塞、改善当地供电质量和可靠性的工具;零售商可以把需求响应作为一个更有效地平衡他们顾客的需求和他们已签合同购买量的工具;电力用户可以把需求响应作为有效参与市场、管理自身用电成本和电价风险的工具。在零售市场、批发市场、系统安全市场和可靠性市场,需求响应都可以作为与供应侧对等的资源广泛参与:在零售市场,通过价格产品的创新,为消费者提供价格选择和价格导向;在批发市场,为系统运营者提供经济调度手段,作为增加市场灵活性的新的市场资源;在系统安全市场,则全面参与辅助服务市场、容量和备用市场的投标;在网络可靠性方面,同样提供分布的输配电网缓解资源,并在网络规划中作为和供应侧资源对等的资源考虑;在效率和环境方面,通过补偿峰荷容量,促进能源节约、效率提升和环境改善;最重要的则是以下要谈到的,作为一种新的市场资源和平衡制约供应侧市场力的重要工具。

二、电力需求响应是电力市场尤其是现货市场重要的稳定力量

在一个有效的市场中,价格是在市场中的买卖、供需双方复杂的互动中形成的。但是在初期的电力市场,尤其是单边电力市场中,购买方没有也无法参与价格设定过程;从而价格也没有起到供需之间“防震锤”的作用,使得电力市场相比其他市场要不稳定得多。在美国加州电力危机之后,电力市场的稳定性问题受到了人们的普遍关注。理论界已经证明,单边开放的电力市场是无法依靠自身的调节机制实现稳定运行的:当市场上总供给大于总需求时,寡头厂商会通过价格竞争来淘汰边际成本过高的厂商,在这一过程中,电力市场是稳定而有效率的。而当电力市场的总供给与总需求趋于均衡或供不应求时,寡头厂商将具有足够强大的市场力量来操纵价格,造成市场价格飞涨,这时候的市场是不稳定和缺乏效率的。受时间、资金、技术等因素

制约，新厂商的进入有阻碍和滞后，虽然价格波动最终会通过市场的自发调节而收敛到一个稳定值，但市场价格的长时间大幅度波动也是人们无法接受的，因此必须有其他措施来保证电力市场的安全稳定运行。

需求响应就是保证电力市场稳定性的一个有效措施。在电力市场中，寡头发电厂商操纵市场价格的能力，即其市场力可以用该厂商的市场均衡份额和消费者价格弹性的比值来表示；所以，要维持电力市场的稳定，也就是抑制发电商的市场力的途径有两条：一是减少其市场份额，二是提高需求侧价格弹性，也就是增加需求响应的能力。很明显，将供应侧的集中度减少一半和将需求侧的价格弹性增加一倍，对价格即市场稳定性产生的效果是一样的，但后者更容易做到，其实施成本和效率损失更小。

我国多个电力现货市场相继开展了模拟运行或试运行，在现货市场建设过程中，要特别注意需求侧的参与和响应。一是要积极放开用户参与，大力培育售电主体。真正意义上的市场一定是多买方多卖方，买卖双方良性互动。要逐步引入条件具备的售电公司和电力用户参与现货市场，现货市场产生的时序电价，有利于售电主体拓宽发展空间，利用专业优势，为用户提供用能管理等增值服务，帮助用户规避经营风险，引导用户参与需求响应，促进节能增效。二是要提高对价格波动的容忍度，为需求响应打开空间。电力现货的核心意义是发现价格，以引导资源优化配置。电力价格随供需波动，本是市场规律发挥作用的真实体现。要在做好市场异常波动风险防范的前提下，提高对价格正常波动的容忍度。政府部门要有耐心给市场机制留出发挥作用的时间和空间，市场主体要逐步适应以灵活的价格机制引导生产和消费，提高需求响应能力。

三、电力需求响应将在能源革命中发挥越来越大的作用

能源革命是顺应全球能源转型和经济结构升级所作出的战略性判断和要求，是当前和今后一段时期我国全部能源发展和改革的总纲领。能源革命包含三个关键的变化。一是主体能源的变化。从以煤炭和石油为主的高碳能源向以电力（核能、新能源、可再生能源）和气体能源（天然气和氢能等）为主的低碳能源转型，这是全球共同的趋势与选择。二是资源优化模式的变化。能源行业（特别是电力行业）的控制和优化模式，从以往"由上而下"（top-down）逐步过渡到"由下而上"（bottom-up）模式为主。无论是能源规划还是运营，都以用户为优化的起点，从自身和身边的资源利用开始，由近及远，逐级优化。三是能源供应者和需求者主体的变化。分布式能源技术的发展和成本的下降，降低了进入能源供应领域的门槛，消费者获得选择权，从接受者角色逐步转为主导者角色。以电和热为主要载体，能源供给越来越多地从异地大工业生产方式向就近个性化服务方式转变，从专业化的能源生产者向专业化的能源服务者转变。在供需直接见面或结合的趋势下，电力交易与平衡将首先就近实现，形成众多的"微市场"，进而与大市场形成交互。众多的能源服务商和售电商活跃在微市场，为用户提供贴身服务，并代理用户参与大市场交易。归结而言，能源革命就是要把用户真正从被控制被管理的对象变为被服务的对象。这些，都正是需求响应的内涵。

我国新一轮电改选择了配售电和用户侧开放作为改革主攻方向。几乎同时，能源互联网的大潮涌起，在智能电网的基础上，储能、分布式、"互联网＋智慧能源"的技术和理念发展为需求响应注入了新的活力和可能性，需求响应已经从集中式电力市场的平衡稳定工具发展为通往用户中心和能源民主的必经之路。增量配电、分布式交易、区块

链的发展，完全有可能在大范围组织性电力市场建立的同时，在新区、园区等局域能源互联网中，建立起大小用户普遍参与的“小微市场”。改革部门应该同等重视基于配电的小微市场和“大现货市场”，并作为激活增量配电的重要手段予以试点和推广。

第三节　重视虚拟电厂新业态

一、虚拟电厂的概念

虚拟电厂是将不同空间的可调节(可中断)负荷、储能、微电网、电动汽车、分布式电源等一种或多种资源聚合起来，实现自主协调优化控制，参与电力系统运行和电力市场交易的智慧能源系统。它既可作为“正电厂”向系统供电调峰，又可作为“负电厂”加大负荷消纳配合系统填谷；既可快速响应指令配合保障系统稳定并获得经济补偿，也可等同于电厂参与容量、电量、辅助服务等各类电力市场获得经济收益。

(一)虚拟电厂的三类资源

虚拟电厂得以发展，是以三类资源的发展为前提的。一是可调(可中断)负荷，二是分布式电源，三是储能。这是三类基础资源，在现实中，这三类资源往往会糅合在一起，特别是可调负荷中越来越多地包含自用型分布式能源和储能，或者再往上发展出微网、局域能源互联网等形态，它们同样可以作为虚拟电厂下的一个控制单元。

相应地，虚拟电厂按照主体资源的不同，可以分为需求侧资源型、供给侧资源型和混合资源型虚拟电厂三种。需求侧资源型虚拟电厂以可调负荷以及用户侧储能、自用型分布式电源等资源为主。供给侧资源型虚拟电厂以公用型分布式发电、电网侧和发电侧储能等资源为主。混合资源型虚拟电厂由分布式发电、储能和可调负荷等资源共同组成，通过能量管理系统的优化控制，实现能源利用的最大化和供用电整体效益的最大化。

（二）虚拟电厂发展的三个阶段

虚拟电厂的三类基础资源都在快速发展，所以虚拟电厂自身的发展空间也在快速拓宽。但并不是有了资源虚拟电厂就自然发展出来了，而是要有系列必要的体制机制条件为前提。依据外围条件的不同，我们把虚拟电厂的发展分为三个阶段。第一个阶段我们称之为邀约型阶段。这是在没有电力市场的情况下，由政府部门或调度机构牵头组织，各个聚合商参与，共同完成邀约、响应和激励流程。第二个阶段是市场型阶段。这是在电能量现货市场、辅助服务市场和容量市场建成后，虚拟电厂聚合商以类似于实体电厂的模式，分别参与这些市场获得收益。在第二阶段，也会同时存在邀约型模式，其邀约发出的主体是系统运行机构。第三个阶段是未来的虚拟电厂，我们称之为跨空间自主调度型虚拟电厂。随着虚拟电厂聚合的资源种类越来越多，数量越来越大，空间越来越广，实际上这时候应该称之为“虚拟电力系统”了，其中既包含可调负荷、储能和分布式能源等基础资源，也包含由这些基础资源整合而成的微网、局域能源互联网。

二、虚拟电厂国外发展情况

虚拟电厂自 21 世纪初在德国、英国、西班牙、法国、丹麦等欧洲国家开始兴起。在众多发达国家，市场型虚拟电厂被广泛应用。成立于 2009 年的德国 Next Kraftwerke（NEXT）公司，是欧洲建立最早、规模最大的虚拟电厂之一。NEXT 公司通过中央控制系统的 M2M 实时通信，将来自沼气、风能、太阳能、垃圾等的可再生能源与商业、工业电力用户以及储能系统汇集在一起，2021 年资源容量达到 901.6 万千瓦。通过使用基于资源运行情况、天气数据、市场价格信号、电网数据的大数据智能算法，该公司可以灵活调用资源，参与电力市场、响应价格信号，2021 年累计 278 万千瓦的虚拟电厂资源提供了电力市场平衡服务，占全德电力市场的 15%。美国大约有 2800 万千瓦的需求侧资源参与电力批发市场，占高峰需求的 6%。美国许多州都在探索家庭虚拟电厂技术。2020 年，南加州爱迪生公司(SCE)与 Sunrun 公司合作启动了 300 户家用分布式太阳能＋储能的虚拟电厂示范项目，资源容量 0.5 万千瓦。同年，Portland General Electric 公司推出了一个连接 525 户家庭的虚拟电厂，公司计划在其服务区域安装 20 万千瓦的分布式资源。2021 年，特斯拉宣布在美国加州推出虚拟电厂计划。值得关注的是，日本已经开展典型的跨空间自主调度型虚拟电厂试验项目。

三、虚拟电厂的国内支持政策

国内在电力需求侧管理的基础上，探索邀约型虚拟电厂，即通过用户主动参与电力调节的需求响应模式，解决需求刚性的问题，“十三五”期间江苏、上海、河北、广东等地开展了需求响应试点。本轮“虚拟电厂”热，发端于《“十四五”现代能源体系规划》编写前期社会各界关于传统火电投资规模的能源供给革命路线之争。2021—2022 年，已出台的相关政策见表 7-1。

表 7-1　2021—2022 年国家出台的涉及虚拟电厂的政策情况

政策文件名称	主要内容
《“十四五”现代能源体系规划》(发改能源〔2022〕210 号)	开展工业可调节负荷、楼宇空调负荷、大数据中心负荷、用户侧储能、新能源汽车与电网(V2G)能量互动等各类资源聚合的虚拟电厂示范

续　表

政策文件名称	主要内容
《关于完善能源绿色低碳转型体制机制和政策措施的意见》(发改能源〔2022〕206号)	拓宽电力需求响应实施范围，通过多种方式挖掘各类需求侧资源并组织其参与需求响应，支持用户侧储能、电动汽车充电设施、分布式发电等用户侧可调节资源，以及负荷聚合商、虚拟电厂运营商、综合能源服务商等参与电力市场交易和系统运行调节
《关于加快建设全国统一电力市场体系的指导意见》(发改体改〔2022〕118号)	鼓励抽水蓄能、储能、虚拟电厂等调节电源的投资建设
《2030年前碳达峰行动方案》(国发〔2021〕23号)	大力提升电力系统综合调节能力，加快灵活调节电源建设，引导自备电厂、传统高载能工业负荷、工商业可中断负荷、电动汽车充电网络、虚拟电厂等参与系统调节，积极发展"新能源＋储能"、源网荷储一体化和多能互补，支持分布式新能源合理配置储能系统
《关于加快推动新型储能发展的指导意见》(发改能源规〔2021〕1051号)	鼓励聚合利用不间断电源、电动汽车、用户侧储能等分散式储能设施，依托大数据、云计算、人工智能、区块链等技术，结合体制机制综合创新，探索智慧能源、虚拟电厂等多种商业模式
《关于推进电力源网荷储一体化和多能互补发展的指导意见》(发改能源规〔2021〕280号)	充分发挥负荷侧的调节能力。依托"云大物移智链"等技术，进一步加强源网荷储多向互动，通过虚拟电厂等一体化聚合模式，参与电力中长期、辅助服务、现货等市场交易，为系统提供调节支撑能力
《关于促进智能电网发展的指导意见》(发改运行〔2021〕1518号)	依托示范工程开展电动汽车智能充电服务、可再生能源发电与储能协调运行、智能用电一站式服务、虚拟电厂等重点领域的商业模式创新

各地虚拟电厂试点中，江苏主要参与需求响应市场，上海主要聚合商业楼宇空调资源开展虚拟电厂试点。华北修订了电力辅助服务相关规则，开放了虚拟电厂参与调峰辅助服务的身份，冀北虚拟电厂试点就是参与华北辅助服务市场。山东试点项目提出的目标是，开展现货、备用和辅助服务市场三个品种交易，完成现货和需求响应两个机制衔接，建设一个虚拟电厂运营平台。

地方政府高度重视虚拟电厂试点工作。上海市2020年9月出台《关于同意进一步开展上海市电力需求响应和虚拟电厂工作的批复》，广州市2021年6月出台《广州市虚拟电厂实施细则(征求意见稿)》，山西省2022年6月印发《虚拟电厂建设与运营管理实施方案》。

第四节 发展虚拟电厂新业态 破解能源革命路线之争

2017—2020年国家能源局连续下调煤电规划建设风险预警，绿色省区从2017年的2个增加到2020年的23个，释放出煤电建设空间增大的信号。据有关资料，2020年以来已有35个60万千瓦及以上、总装机6736万千瓦的煤电项目陆续开闸，或开启环评、勘察设计，或签约、开工。我们研究认为，电力增量和尖峰负荷完全可以通过发展新能源和虚拟电厂新业态予以解决。

一、虚拟电厂发展具有良好基础和巨大潜力

虚拟电厂在发达国家有广泛应用。美国参与虚拟电厂的可控负荷超过3000万千瓦，占尖峰负荷4%以上。德国一家公司整合了4200多个分布式电源，总容量280万千瓦，为全德电力市场提供了10%的调频服务。日本、澳大利亚在以储能为主体的虚拟电厂建设方面走在世界前列。

“十三五”期间，江苏、上海、河北、广东等地开展了需求响应型虚拟电厂试点。江苏于2015年率先出台了《江苏省电力需求响应实施细则》，2016年单次规模达352万千瓦，2019年达402万千瓦，屡创全球单次需求响应规模纪录，削峰能力达到最高负荷的3%—5%，开创了虚拟电厂“江苏模式”。“江苏模式”主要特征有两点：一是政府主导

平台建设和运营，提供公平、开放、免费服务；二是社会资本主导虚拟电厂建设和运营，培育了数目众多的市场化“聚合商”，实现了技术快速迭代、成本快速下降。

截至2020年，我国可供发展虚拟电厂的资源非常雄厚。其中，可控负荷资源5000万千瓦以上，分布式电源规模超6000万千瓦，用户侧储能规模约100万千瓦，电动汽车接近600万辆(每辆按5千瓦计算，相当于3000万千瓦储能)，且这些资源都还在快速增长之中。有效聚合现有的分散资源，相当于建设140台百万千瓦煤电机组，完全能够满足“十四五”电力负荷增长和削峰填谷需要。

二、虚拟电厂经济社会效益明显

(一)提高电网安全保障水平

中东部地区受电比例上升、大规模新能源接入、电力电子装备增加，对电力系统平衡、调节和支撑能力形成巨大压力。将需求侧分散资源聚沙成塔，发展虚拟电厂，与电网进行灵活、精准、智能化互动响应，有助于平抑电网峰谷差，提升电网安全保障水平。

(二)降低用户用能成本

从江苏、山东等地试点看，参与虚拟电厂后用户用能效率大幅提升，在降低电费的同时，还可以获取需求响应收益。如江苏南京试点项目平均提升用户能效20%；无锡试点项目提高园区整体综合能源利用率约3个百分点，降低用能成本2%，年收益约300万元。

(三)促进新能源消纳

我国新能源装机快速增长，2019年新增风电、光伏装机5255万千瓦，占全国新增装机的62.8%，但部分地区、部分时段弃风弃光弃水现象仍比较严重。发展虚拟电厂，将大大提升系统调节能力，降低“三弃”电量。

（四）节约电厂和电网投资

我国电力峰谷差矛盾日益突出，各地年最高负荷95%以上峰值负荷累计不足50小时。据国家电网测算，若通过建设煤电机组满足其经营区5%的峰值负荷需求，电厂及配套电网投资约4000亿元；若建设虚拟电厂，建设、运维和激励的资金规模仅为400亿—570亿元。

三、存在的问题

（一）认识不到位

2020年，我国虚拟电厂处于起步阶段，其组织、实施和管理基本上还是沿袭需求侧管理的旧模式，没有树立起将需求侧资源和供给侧资源同等对待的理念，没有形成体系化、常态化工作机制，没有下定持续推进的决心。

（二）管理部门不明确

虚拟电厂属新业态，遵循的是发改委、工信部、财政部、住建部、国资委、能源局等六部门于2017年发布的《电力需求侧管理办法》，但牵头部门不明确，管理职能有交叉，协同发力不足。

（三）规范标准不统一

一是国家层面没有文件，潜力巨大的分布式发电无法进入，限制了虚拟电厂发展空间。二是没有虚拟电厂国家、行业标准，各类设备及负荷聚合商的通信协议不统一，数据交互壁垒高、不顺畅，增加了建设难度和成本。

（四）激励和市场化机制不到位

出台支持政策的省份少，激励资金盘子小、来源不稳定，难以支撑虚拟电厂规模化发展。各地电力辅助服务市场和现货市场建设中，除华北地区开展小规模试点外，没有将虚拟电厂作为市场主体纳入。

四、政策建议

（一）尽快启动虚拟电厂顶层设计

建议出台“虚拟电厂建设指导意见”，明确虚拟电厂定义、范围；积极培育聚合商市场主体；建立虚拟电厂标准体系；明确能源主管部门牵头建设虚拟电厂。

（二）加快实施虚拟电厂“新基建”

政府部门统筹规划，充分引入华为、腾讯、阿里巴巴等先进通信和互联网平台企业，搭建虚拟电厂基础平台。聚合商在基础平台上建设各类运营平台，为广大用能企业提供一揽子智慧能源服务。

（三）加快完善激励政策和市场化交易机制

丰富虚拟电厂激励资金，来源可包括尖峰电价中增收资金、超发电量结余资金、现货市场电力平衡资金等。加快完善虚拟电厂与现货市场、辅助服务市场、容量市场的衔接机制。

（四）推进虚拟电厂高质量规模化发展

一是将发展虚拟电厂纳入各级“十四五”能源规划并进行考核。二是在全国范围复制推广虚拟电厂的“江苏模式”。三是支持江苏结合现货市场和辅助服务市场建设，进一步提升虚拟电厂发展水平。

第五节　创新主体间电费结算方式

“有序向社会资本开放配售电业务”是9号文件确定的重点任务

之一。改革初期，各类社会资本积极响应，工商登记了上万家售电公司，其中在电力交易中心注册了4000多家，但受电费结算方式制约，独立售电公司生存困难并逐步萎缩，仍正常运营的仅有600家左右。我们和政府有关部门、电网企业、独立售电公司和专家学者深入研讨，建议创新电费结算方式，激发售电市场活力。

一、现行电费结算方式及存在问题

现行电费结算仍沿袭了改革前的方式，用户将电费全部交给电网企业，然后电网企业将其一分为四：一是自己留下输配电价对应的过网费；二是向发电企业支付发电企业与售电公司协商一致的发电费用；三是向售电公司支付售电公司与用户协商一致的代理服务费；四是政府基金和附加等由电网企业代征代缴。

现行结算方式违背了市场规律。电网企业通过垄断现金流，深度介入独立售电公司与发电公司、独立售电公司与用户的商业行为之中，一是混淆了市场主体间的合同关系；二是打压了独立售电公司的积极性和市场活力；三是电网企业关联售电公司与独立售电公司之间存在不公平竞争；四是突破了9号文件对电网企业"管好电网发展、管好电网安全"的功能定位。

现行结算方式是改革之初"兼顾改到位和保稳定"的过渡性措施。2015年底，国家发展改革委、国家能源局印发的《关于推进售电侧改革的实施意见》和《电力交易机构组建和规范运行的实施意见》，明确"交易机构组建初期，可在交易机构出具凭证的基础上，保持电网企业提供电费结算服务的方式不变"，电网企业"承担市场主体的电费结算责任，保障交易资金安全"。

二、创新电费结算方式及可行性建议

为激发售电市场活力，提高需求侧能效管理水平，建议遵循市场规律，用户将电费直接交给售电公司，售电公司将其一分为四：一是向电网企业缴纳输配电价对应的过网费；二是向发电企业缴纳交易期间双方协商一致的发电费用；三是留下自己的代理服务费；四是政府基金和附加等仍可按原有渠道由电网企业代征代缴。建议在条件较好、售电市场活跃的若干省区市尽快开展试点。

以上建议具有可行性：一是参与交易的独立售电公司市场意识显著增强，市场抗风险能力不断提高；二是部分售电公司（拥有配电网运营权）已具备参与电费结算的技术条件和成功实践；三是以金融科技为支撑的复杂资金支付结算系统和中国人民银行监管的备付金存管账户体系，使售电公司已具备安全透明的直接结算能力；四是电力市场交易规则不断完善，市场秩序不断规范，对售电公司和电力用户履约尽责都有了明确要求；五是按照9号文件规定，电网企业“负责电网系统安全”“履行电力普遍服务义务”“按约定履行保底供应商义务”，创新结算方式不存在电力供应风险。

为稳妥起见，积极性较高的若干省区市也可采取过渡模式：用户将电费直接交给售电公司，售电公司扣除代理服务费后，其余全部交付电网企业，电网企业将其一分为三，一是自己留下输配电价对应的过网费；二是向发电企业支付发电企业与售电公司协商一致的发电费用；三是政府基金和附加等由电网企业代征代缴。这种结算方式对原利益格局改变不大，95％以上的现金流仍然经过电网企业，较好地兼顾了电网企业的诉求。

第八章　重视综合能源服务和综合智慧能源

第一节　综合能源服务和电力改革

2015年开始的这一轮电改产生了许多新的业务业态、概念名词和试点示范，在所有这些新业务新概念中，脱颖而出的主角，可能非综合能源服务莫属了（9号文件及其配套文件所主推的竞争性售电、增量配电和分布式能源最终都指向了综合能源服务）。同时很有意思的是，这个主角并不是当年9号文件“剧本”所赋予的，而是在改革推进过程中“自然选择”的结果（在9号文件中，综合能源服务这个概念甚至都没有完整地出现，仅仅在“建立分布式电源发展新机制”的改革任务最后提到“允许专业化能源服务公司与用户合作或以合同能源管理模式建设分布式电源”）。那么，我们不禁要问，为什么综合能源服务就被“自然选择”成了这轮电改的主角？在电力体制改革没有获得实质性突破的情况下（需要国资国企改革推进到电力行业），综合能源服务在我国到底做不做得起来？要把综合能源服务真正做起来，我们的电改和国资国企改革还要在哪些方面突破？

一、对我国电力能源行业而言，综合能源服务既是创新突破，更是回归补课

综合能源服务至今还没有在我国的改革政策文件中有过正式官方的定义，但这一点都不影响它不可阻挡的蓬勃发展（如同“互联网”至今没有也不再需要定义一样）。大致而言，我们可以这样认为，综合能源服务的中心词应该是能源服务，综合只是特指其中“一站式、打包式”服务的高级形态或高级阶段。而所有为满足消费者在能源消费中显性或潜在的需求所提供的一切专业化代理和服务都可以称为能源服务。

在我国这一轮电改中，进行或试图进行了“互联网＋智慧能源”、能源互联网、多能互补、新能源微网、分布式交易等多个新事物的试点，这些新事物有一个共同特征，那就是它们都是手段和载体，其目的和内容都应该指向综合能源服务。因为和这么多新的手段、载体特别是“云大物智移链”等高端、前瞻技术联系在一起，使人们产生一个认识，那就是，综合能源服务是电力能源行业的一个崭新的发展阶段，是电改和众多新技术的突破而共同孕育出来的。我们说，这一认识存在一定的误解和误导。而澄清这一认识，恰恰对我们的电改和综合能源服务的健康推进非常重要。

从国际上来看，能源服务其实是一个成熟的事物，最早的能源服务公司（energy service company，简称 Ensco.）至今已至少有 50 年左右了，而且有意思的是，并不是我们大多数人所理解的电改形成了能源服务，在国际上真实情况恰恰相反，是能源服务催生了电改，而不是相反。

一般而言，国际上把能源服务分为三代也即三类，第一代是基于合同能源管理的能源服务，第二代是基于分布式的能源服务，第三代

是基于能源互联网的能源服务。第一代能源服务产生于 20 世纪 70 年代初，石油危机使得整个西方社会高度重视能源效率问题，学界、政府和社会共同发力逼迫电力公用事业公司大搞基于能效的需求侧管理，同时产生了很多专业化的能源服务公司，以合同能源管理、效益分成的商业模式在用户的存量资产上推行节能服务。但是第一代能源服务推行的效果不很理想，因为它违反了人性，一是让公有或私有垄断的电力公司自身为主体、去"强颜欢笑"努力做减少自己营收的事情，二是合同能源管理的效益首先完全落在了用户口袋，然后硬生生地要效益分成，让用户有失去感而不是获得感。

于是聪明的能源服务公司们很快找到了第二种商业模式，他们拿着刚刚军转民的 CCHP（燃气热电冷联合循环）技术和余热余压利用技术到用户身边投资建设分布式能源站，为用户提供更加经济可靠、更高质量的热电冷水气综合能源服务，而且普遍主动跟用户效益分成返利，这让用户们很开心、很有获得感。但很快问题又来了，那就是已经都划分好地盘的电力和天然气公用事业公司不干了，他们认为第二代能源服务公司比起第一代要可恶得多、凶狠得多，搞搞节能还可以表示支持以展现社会责任、拿政策补贴，现在真刀实枪地抢地盘了，那坚决不能答应。于是各种法律安全质量的理由和技术标准的手段都用上了，来阻止这一切。初生牛犊的能源服务公司们也不是吃素的，他们高举能源效率、能源安全的道义大旗，乘着石油危机的东风，硬是说服了美国国会于 1978 年通过了划时代的《公用事业管制政策法案》（Public Utility Regulatory Policy Act 1978，简称 PURPA），要求天然气和电力公用事业公司必须公平无歧视地向合格设施（qualified facilities，简称 QF）开放网络接入（主要是城市配电和配气网）。随后欧洲多国也相继通过了类似的第三方开放（third party access，简称 TPA）政策法案。PURPA 这部法案并不是专门针对电力行业的法案，但被公认为全球电力市场化改革的起点，而第二代能源服务公司在其中是打头阵的，所以我们说，是能源服务催生了电改，而不是相反。随后，独立发电商们(independent power provider，简称 IPP)搭上这趟便车，推动美国国会于 1992 年通过《能源政策法案》(Energy Policy Act of 1992)，要求大幅取消合格设施的限制，向所有发电商完全开放输电网，进而打通了轰轰烈烈的现代电力市场体系建设通道。

在电力市场体系建设过程中，随着酷炫的电力现货市场、期货市场、容量市场、辅助服务市场和各类金融工具的引入，刚刚通过能源服务公司辛辛苦苦和用户拉近距离的电力行业瞬间又把用户挡在了电力市场高门槛之外。带来的后果就是市场力的滥用和各种市场不稳定，最后集中体现在了加州电力危机上。于是业界、学界和政府又痛定思痛：一定要有专业的能源服务公司来帮助用户参与市场、推行需求响应以平衡供需力量，这样基于能源互联网的第三代能源服务应运而生，它们在更多的分布式能源、智能电网和储能技术的基础上，运用各种通信和工控技术帮助用户在实现就地平衡和优化之后、又广泛深入地参与各类市场各种需求响应项目，既在更大范围帮助用户优化、省钱、赚钱，又为电力批发市场提供了强大的平衡力量。

除了上述三代能源服务，其实还有一类最基础的，那就是为用户能源系统包括配电系统提供基本的建设和运维的服务，我们姑且称之为第零代能源服务。这一类能源服务天然就应是开放竞争的，但由于各种原因，在很多场合“用户工程”往往成了供电企业的“多经三产”集体企业的垄断生意，以前电监会进行过整顿，即“三指定”专项治理，但效果有限，在这一轮电改中，这一类业务作为售电公司的业务延伸和能源服务公司的业务入口再次引起各方重视。

二、结论与建议

梳理到这里，我们大致可以有这么几个结论、体会和建议，同时也作为对前面几个问题的回答：

第一点，能源服务是我国电力能源行业一直缺失或者薄弱的环节，所以有这么一句话，“我国电力行业最大的不平衡是前一千公里和最后一公里之间的不平衡，最大的不充分是用户选择和用户服务的不充分”。我们有一个“一竿子插到底”的电力系统，但“独树不成林”，我们还需要一个为各行各业能源用户提供各类服务的业态系统，需要十几个大的能源服务巨头带着数以万计的能源服务公司，“百花齐放才是春”。这个课要补，什么时候都不晚，这一轮电改以能源服务为主角，大力培育能源服务新业务新业态，非常正确，非常及时。

第二点，第零代和第一代能源服务在现有体制下就可以做，所以可以作为新生的能源服务公司们进入这一业态的入口，但政府部门需要加强市场秩序维护。

第三点，现在回过头来通读9号文件可以发现，9号文件的重点其实就是大力培育推进第二代也就是基于分布式的能源服务，因为竞争性售电和增量配电的归属也是能源服务。但是第二代能源服务要培育起来，最重要的就是配电网的公平无歧视接入，这一点虽然在9号文件及其配套文件中有描述，但缺少刚性约束的手段。所以我们可能需要一个中国版的“公用事业管制政策法”，真正实现配电的公平无歧视接入。同时，能源监管机构需要加强力量跟上形势，不要一味等着电力市场建起来才作为，而是现在就要把监管的重中之重放到“公平无歧视接入”上来，这是所有国家能源监管部门的职责重点。

第四点，第三代也就是基于能源互联网的能源服务虽然现在说得最热闹，但它的一个重要的前提也就是“电力市场体系的建立”，现在是缺失或者说很不完整的。这么说来，是不是现在就完全不能做了呢？也不是。大市场的到位只是为用户提供更大范围更多领域的优化手段，没有也没关系，我们可以认真做好局域能源互联网，做好内部优化或者稍微突破一点，做好身边的优化，这里面仍然大有作为、大有文章。这一次关于转供电的情况摸查表明，中国至少有40万个转供电主体没有供电牌照但事实在从事供电业务，如果我们的能源服务公司能够和这些转供电主体合作，带着先进的技术和解决方案，将这些转供电区域跨越式提升为基于能源互联网的能源服务区域（在这里推行不触动电网企业的既有利益格局），这将是我国电力能源行业改革发展的一个惊喜。这是完全有可能的，就如我国广大落后山村直接跨越进入移动互联时代一样。

第五点，以现货市场为主要内容的电力市场体系建设是电改回避不了的问题，但由于众所周知的原因，推进很不乐观。强行在现有路径上推进，无论搞省级的、区域级的还是国家级的，其实都有难以克服的硬伤。我们不妨调整一下思路，按照电力市场建设服务综合能源服务的定位，将基于配电网的现货市场建设作为突破点，或许可以得到又一个惊喜。

第二节　综合智慧能源发展国际实践

伴随能源供应安全和清洁低碳发展要求、数字化智能化与电力行业加速融合、综合智慧能源技术基础与产业经验逐步成熟，世界范围内综合智慧能源成为发展趋势，日本、美国、欧洲等发达国家和区域结合自身实际，在综合智慧能源系统领域的政策、具体项目等方面进行了多年有益的实践探索。

一、日本

日本的能源严重依赖进口，这很大程度上促使其成为亚洲最早开展综合能源系统实践的国家。2008 年日本政府发布《面向 2050 年日本低碳社会情景的 12 大行动》，2009 年公布了其温室气体的减排目标，着手构建覆盖全国的综合能源系统，实现能源结构优化和能效提升，同时促进可再生能源规模化开发。

2010 年 4 月日本经济产业省启动的“综合智慧能源共同体”计划，涵盖能源、社会基础设施和智能电网等领域。该计划主要包括两类项目，一类是智慧城市示范项目，通过智能化的信息交换与控制系统，协调电力、热能等不同能源品种，实现低碳、高效发展。示范工程在四个城市开展，各有侧重，丰田和横滨市重点发展电动汽车的应用，北九州市重点关注氢燃料电池的应用，关西科学城倾向于研发能源管理系统，整合电动汽车及太阳能等分布式电源，实现消费侧的能源监测与管理。另一类是“综合智慧能源网”示范项目，由在线能源服务及区域能源服务两大基础设施工程构成。在东京、大阪的试点部署中，重点为供给侧的分布式能源系统，力求将天然气、电力等大规模网络与热电联产、燃料电池等分布式能源有机结合，充分利用废热等未使用能源，构建能源的优化供给结构。

在 2018 年最新版“第 5 次能源基本计划”中，日本更加明确了构建多维、多元、柔性的能源供需体系的目标，力图从“低碳化”迈向“脱碳化”。在坚持安全性与稳定性、经济性和环保性相平衡统一的前提下，计划提出，为防止弃光弃风的发生，扩大可再生能源消纳，必须扩大电网增容，提高电网调峰调频能力，解决可再生能源连接并网“慢、难、贵”的问题，同时加快可再生能源与蓄电池等组合技术以及虚拟电厂（VPP）、逆向潮流调控技术（V2G）、电转气技术（P2G）的开发和应用。为实现节能减排“双控”目标，计划还要求，必须大量采用人工智能、物联网、大数据以及电力需求自动响应技术，并通过产业链需求侧横向和纵向的联动以及机器设备的融通，突破节能路径瓶颈，实现年均节能1%的目标。

在规划引领的同时，日本十分重视综合智慧能源系统标准化问题，寄望依托数字网体制及其标准化，形成互联网技术和综合能源网络的深度融合。从2009年开始，日本通过四年时间实施了第一期综合智慧能源国际标准化，标准化内容涵盖：监测控制系统、蓄电池最佳控制、配电自动化、需求响应、快速充电等26项。2015年，日本对第一期综合智慧能源国际标准化内容进行修改，形成了五大类18项标准化内容，由行业研究上升至国家标准，在此标准基础上开展综合智慧能源项目论证评价，通过论证评价提升综合智慧能源市场创新能力。

在发展综合智慧能源的国家中，日本对氢能利用的研究起步是比较早的。日本根据本国极度缺乏化石能源和电网频率不同导致传输容量有限的国情，积极推进氢能源政策及综合智慧能源综合服务。1993年日本开始实施《世界能源网络计划》，着手对氢能源和燃料电池进行基础性研究，并制定了2020年氢能推广初步时间表。自2003年以来，日本氢能源预算基本维持在200亿日元以上。从2009年开始，日本大量补贴燃料电池，到2017年燃料电池预算高达700多亿日元。从丰田Mirai汽车到东京燃气热电共生可见，日本现阶段将固定式燃料电池和燃料电池车FCV发展并举。虽然2011年日本福岛核事故使日本积极的核战略发生转向，但氢能战略没有改变，并进一步针对氢气来源规划了新的并行路线，包括从海外进口廉价氢气、大力发展风电和太阳能在本土制备氢气等。2016年3月，日本政府宣布了其环境和可持续性计划，并提出“建立氢能社会的倡议”。

在政府大力推动下，日本能源研究机构和企业注重综合智慧能源领域的实践。例如，由新能源产业技术综合开发机构 NEDO 于 2010 年 4 月成立的日本智能社区联盟，主要致力于智能社区的研究与示范。智能社区的建设类似于综合社区能源管理(ICES)方案，是在社区能源一体化(包括电力、燃气、热力、可再生等)的基础上，实现与交通、供水、信息和医疗系统的集成。

在 2020 年东京奥运暨残奥会整体性的建设规划中，经济产业省(以下简称“经产省”)将以推广再生能源为目标的“智慧社区”作为九大发展目标之一。经产省提出智慧社区技术开发的主轴包括：设置智慧电表，以成立电力的双向供给系统；结合再生能源、用电需求管理、储能系统等技术，发展本地能源管理系统等。东京奥运村建设项目的能源设施由以东京燃气为代表的六家公司共同完成。项目计划在城镇附近建起一座加氢站，并通过地下管道将氢气送往五个住宅区，并将氢气输送给各个住宅区内的氢燃料电池发电机，以满足居民的用电、用热需求。同时，加氢站也为城镇内的快速公交系统(BRT)和氢燃料电池车提供氢气供应。加氢站的建设和运营由 JXTGNippon Oil&Energy 公司负责；东京燃气负责铺设地下输氢管道，将氢气送往各个街区，同时保障氢气的安全。在氢气送达各个街区后，来自松下的氢燃料电池 EneFarm 负责把氢能转化为电能和热能。除此之外，还有太阳能、生物质能等予以补充，也与传统电网连接以确保供电安全。

二、美国

美国对综合智慧能源的探索起步较早，2001 年即提出了综合能源系统(integrated energy system，IES)发展计划，目标是提高清洁能源供应与利用比重，提高社会供能系统的可靠性和经济性，重点促进对分布式能源(DER)和冷热电联供(CCHP)技术的进步和推广应用。

2007年美国颁布能源独立和安全法(EISA),明确要求社会主要供用能环节必须开展综合能源规划(integrated resource planning,IRP),并在2007—2012财年追加6.5亿美元专项经费支持IRP的研究和实施,期望以此打造21世纪的美国能源互联网。

美国前总统奥巴马在第一任期将智能电网列入美国国家战略,以期在电网基础上,构建一个高效能、低投资、安全可靠、灵活应变的综合能源系统,以保证美国在未来引领世界能源领域的技术创新与革命。2008年美国颁布综合智慧能源法案,明确了美国综合智慧能源未来发展的框架。该法案分为技术和资金支持两部分。在技术方面,法案提出建立规范化的节能合同、数据处理标准和优秀案例示范;在资金支持方面,美国能源部不仅制定了支持建筑能效项目的贷款计划,而且设计了综合智慧能源项目的资金支持体系。2010年9月,美国能源部在智能网络全球论坛上提出了美国发展综合智慧能源的最新战略,即建立"21世纪的能源网络",重点支持可再生能源接入、大规模储能、用户端管理、智能电网、数据和信息安全、智能建筑等内容。

特朗普执政以后,强调能源独立,连续推翻了前任奥巴马政府的诸多能源策略,比如号召重新振兴美国的煤炭业,设置贸易壁垒保护美国太阳能企业,重新审查汽车油耗指标,开放联邦土地开采石油,以及宣布退出巴黎气候协定。尽管如此,在综合智慧能源的具体子领域的政策上,仍有许多务实推动。比如,2019年美国国会批准了三个储能法案,以促进电池储能技术的进一步研究和发展,确保美国能够在可靠和有弹性的能源网络上运行。其中的运行准备和发电(储能)技术法案(H. B. 1744),确保公用事业将相关技术视为供应侧资源流程的一部分;推进电网储能法案(H. R. 1743)要求美国能源部(DOE)开展研究、贷款、技术援助、赠款和其他用途的储能计划;电池储能创新法案(H. R. 1742)提高了住宅、工业或交通应用"创新技术贷款担保"

项目的资格。

目前来看,美国能源互联网项目参与电力市场的模式已较为成熟,业务形式十分丰富。重点通过虚拟电厂业务和负荷聚合业务参与电力市场,解决了分布式发电的消纳和平价上网问题,充分挖掘需求侧灵活资源的需求响应潜力,并且通过合理的市场机制设计,如引入金融合约等,降低市场投资风险,吸引社会资本参与能源互联网的建设。

在能量市场中,通过虚拟电厂业务,分布式发电可以与储能及灵活负荷相结合,通过协同控制出力及用能需求,提供较为稳定的功率输出。美国 Sunrun 能源服务公司通过在居民家中安装太阳能、电池系统以及智能控制设备,打造虚拟电厂业务参与电力市场,2019 年在与集中式发电商的竞争中,Sunrun 公司赢得售电合同,以发电厂的身份参与到新英格兰电力现货市场中销售电能。同样在新英格兰电力市场中,LO3 Energy 公司通过虚拟电厂业务聚合分布式光伏,不仅在电力市场中出售分散式光伏发电获得盈利,还通过收取分布式光伏托管和交易费用获得额外收益。此外,该公司还创建了可再生电力拍卖平台,用电企业在该平台上进行报价,与分布式光伏发电商签署用电合约。如果分布式光伏发电商无法按照合约为企业提供足额电量,平台还可以代替分布式光伏发电商在实时电力市场中购买相应的差值电量。

在辅助服务市场中,通过负荷聚合业务聚合大量需求响应资源,为系统提供调频、备用等辅助服务,通过参与实时市场或与系统运营商签署合约的方式赢利。美国负荷聚合商 Comverge 公司通过与用户签署负荷直接控制合约,聚合用户负荷参与辅助服务市场,向电网提供同步备用服务(能够在 10min 之内响应,按实时市场价格每 5min 出清)。在实时运营过程中,当电网运营商发出指令时,Comverge 公司通过对签约用户进行直接负荷控制，在10min内进行响应，并以实时市场价格获得相应的收益。在夏威夷电力市场中，Shift Energy公司通过为用户安装智能热水器，对电热水器负荷进行聚合，并与电网运营商签订直接负荷控制的中长期合同，响应电网调度发出的指令信号，为当地电网提供快速调频和备用等服务。

在金融市场中，通过虚拟购电协议和差价合约的方式促进可再生能源项目的发展，并通过专门的平台引导企业对可再生能源项目进行投资。美国LevelTen公司开发的LevelTen Energy平台，可以将一个可再生能源项目的投资和虚拟购电协议分配给多家小的公司。在2019年1月，LevelTen公司促成了一个可再生能源项目开发商与5家投资企业的整合交易，其中每家企业投资的容量均不超过10 MW，有力降低了各企业的融资压力和投资风险。

三、德国

德国作为能源消费大国，石油和天然气资源匮乏，需求长期依赖进口，对外依存度保持在90%左右，其能源安全压力较大。为此，德国政府多年来大力推动以提升能效、充分利用可再生能源为要素的能源转型，为能源互联网建设奠定了基础。

2008年，德国联邦经济技术部（BMWi）发起名为E-Energy的能源互联网创新计划，旨在推动建立以新型信息通信技术（ICT）通信设备和系统为基础的高效能源系统，以最先进的调控手段来应对日益增多的分布式电源与各种复杂的用户终端负荷。综合地区能源结构特点、经济发展特点、能源消费模式、基础支撑平台等多维因素，选取了6个具体试点项目，具体推进过程如下：

（1）eTelligence项目选择在人口较少、风能资源丰富、大负荷种类较为单一的库克斯港进行，设备主要由1座风力发电厂、1座光伏电站、2 座冷库、1 座热电联产厂和 650 户家庭组成，通过运用互联网技术构建一个复杂的能源调节系统，利用对负荷的调节来平抑新能源出力的间歇性和波动性，提高对新能源的消纳能力，构建区域性的一体化能源市场。典型的调节措施包括：冷库负荷随着电价和风力发电的出力波动进行自动功率调节；引入分段电价和动态电价相结合的政策；利用虚拟电厂对多种类型电源和负荷进行集中管理。经过几年运行，项目取得较好的经济效益和社会效益：①虚拟电厂的运用减少了16%的由风电出力不确定造成的功率不平衡问题；②分段电价使家庭节约 13%的电能，动态电价使电价优惠期负荷增长 30%、高峰电价时段电价减少 20%；③虚拟电厂根据内部电量的供求关系与区域售电商进行交易，降低 8%—10%的成本，以热为主动力的热电联产作为电能的生产者实现电力的全量销售，在虚拟电厂调节下其利润也有所增加；④基于 eTelligence 项目设计的 OpenIEC61850 通信规约标准已被德国业内认可。

（2）E-DeMa 项目选址于莱茵-鲁尔区的米尔海姆和克雷菲尔德 2 座城市，侧重于差异化电力负荷密度下的分布式能源社区建设，共有 700 个用户参与，其中 13 个用户安装了微型热电联产装置。该项目核心是通过“智能能源路由器”来进行电力管理，既可以实现用电智能监控和需求响应，也可以调度分布式电力给电网或社区其他电力用户。“智能能源路由器”由光伏逆变器、家庭储能单元或智能电表组合而成，根据电厂发电和用户负荷情况，以最佳路径选择和分配电力传输路由，传输电力。对于接收到的电能，能源路由器都会重新计算网络承载和用户负荷变化情况，分配新的物理地址，进行传输发送。对于结构复杂的网络，使用能源路由器可以提高网络的整体效率，保障电网的安全稳定。

（3）Meregio 项目开展于 2 个有较发达的工商业的德国小城，南部格平根和弗莱阿姆特。当地已有大量的分布式可再生能源接入配电网，由于配电网的网架结构比较薄弱，分布式电源的接入引起了电网一系列的问题。因此该项目旨在通过感知每一位用户负荷定位配电网中最薄弱的环节，从而更好地预测配置资源，降低电网的拥堵，提高配电网的运营效率，共有1000个工商业和家庭用户参与了此项目。采取的主要措施包括：在电价方面引入“红绿灯电价”制度对用户的用电习惯进行引导；在用户负荷曲线制定方面，智能电表将用户实时负荷上传到EnBW数据中心，建立每个家庭的负荷特征曲线帮助电网运营商更准确地预测每个用户负荷情况，当用户用电行为出现反常时会在个人账户里收到智能提醒；在设备改造方面，变电站安装有载调压变压器，根据低压网中馈入的可再生能源电力来调整变压器，从而稳定中压网的电压水平，最终使分布式能源消纳能力提高了近一倍。

(4)Moma项目于德国南部的工业城市曼海姆进行，其主要目标是为能源生产者、消费者和网络运营者构建一个虚拟能源市场，进而研究消费者对能源利用效率的影响程度。在这种能源市场中，消费者被置于核心地位，其有权获知如何降低能源消耗和支出。该项目主要贡献是提出了细胞电网的概念，并将细胞电网分为3个层级：物体细胞（家庭）、配电网细胞（小区）和系统细胞（区域）。细胞电网中的每层细胞能够自行优化，尝试平衡和调整。

(5)Smart Watts项目位于亚琛，共有250个家庭参与。消费者通过智能电表来获知实时变化的电价，根据电价高低来调整家庭用电方案和电动车充电方案。通过智能插座获知的数据，用户不仅可以在电子设备上查看每个用电设备用电量，还可以查看电费；也可以通过应用程序控制家电开关，通过设定参数让程序自动决定家电的运行。实际试验的数据结果表明：在价格最低的时段，负荷上升了10%；在价格最高的时段，负荷下降了5%。该项目的另外一个亮点是设计了

EEBus。针对智能家具中各个电气设备之间存在多种通信标准的问题,EEBus 作为一个通信的翻译器应运而生,能够将现行的通信标准翻译给售电商、电网、发电商、用户、家用电器商等相关部门。

(6)RegModHarz 项目开展于德国的哈慈山区,主要包括 2 个光伏电站、2 个风电场、1 个生物质发电厂,总容量为 86MW。生产计划由预测的日前市场和日内盘中市场的电价及备用市场来决定。该项目主要措施有:①建立家庭能源管理系统,家电能够"即插即用"到此系统上,系统根据电价决定家电的运行状态;②配电网中安装了 10 个电源管理单元,用以监测关键节点的电压和频率等运行指标,定位电网的薄弱环节;③光伏、风机、生物质发电、电动汽车和储能装置共同构成了虚拟电厂,参与电力市场交易。经过一段时间运行,该项目的典型成果包括:①开发设计了基于 Java 的开源软件平台 OGEMA,对外接的电气设备实行标准化的数据结构和设备服务,可独立于生产商支持建筑自动化和能效管理,能够实现负荷设备在信息传输方面的"即插即用";②虚拟电厂直接参与电力交易,丰富了配电网系统的调节控制手段,为分布式能源系统参与市场调节提供了参考;③基于哈慈地区的水电和储能设备调节,很好地平抑了风机、光伏等功率输出的波动性和不稳定性,有效论证了对于可再生能源较为丰富的区域,在区域电力市场范围内实现 100%的清洁能源供能是完全可能的。

2010 年德国联邦经济技术部公布的《能源战略 2050》,从总体上明确了德国未来 40 年能源转型的行动路径,提出了可再生能源利用、能效提升等 9 个具体行动领域;规划涉及工业、企业、贸易、服务业和家庭的能源使用效率,新能源、能源储存、化石类能源的转化、电网、氢、燃料电池,以及甲醇产业。2014 年 12 月德国出台《国家能效行动计划》,增强在提升能效方面的力度。

德国政府 2018 年介绍了启动实施的"综合智慧能源展示计划"

(SINTEG)。德国联邦经济能源部(BMWi)为该计划出资2亿欧元，参与计划的企业为该计划融资3亿欧元，计划具体在5个示范区启动：

(1)C/sells示范项目要在巴登-符腾堡、巴伐利亚和黑森3个联邦州建立一个由众多较小的电力生产者(如某个地区、城区或居民家庭住宅)构成的电力系统，这些小型电力生产者相互连接，并实现在自身生产电力富余或匮乏的情况下自动互联和互相补给；示范项目开发了一个数字信息系统，这一数字信息系统囊括了本地区的所有电力服务商，可以实现数据自动交换，自动采取稳定电网的措施。

(2)Designetz示范项目研发了一个连接北莱茵-威斯特法伦州、莱茵兰-普法尔茨州和萨尔州所有配电网的联合系统，项目的核心是建立一个数字化智能配电网，使配电网在分布式电力生产越来越多的情况下从“单向车道”变为“双向车道”，使示范区内的电力生产和需求得到更好的平衡，必要时也能满足跨地区电力供需平衡的需求。

(3)enera示范项目位于富产风电的下萨克森州西北部，该示范项目将风电设备、储能设施以及居民家庭和工商业电力用户连接在一个区域性虚拟发电厂中，为区域内的能源产品提供了一个数字市场平台。

(4)NEW4.0示范项目将所有相关方以及电力生产、储存、输送和消费等要素全部用数字技术连接在一起，研发一个可使电力消费动态地适应电力供给的数字系统，以解决石勒苏益格-荷尔斯泰因州的风电机组往往因输电网瓶颈而不得不减产或关停的问题。

(5)WindNODE示范项目涵盖了德国所有6个原东德联邦州，项目的重点是要创造灵活性选项，一方面是通过储能技术(如大型蓄电池、电动汽车、电制热技术)，另一方面是通过与灵活的电力用户开展合作，让他们尽量根据天气状况来消费电力，来节省电费成本。

德国是欧洲电力市场的一个部分。在建设能源互联网项目时，和大多数欧洲国家一样，比较注重通过电力市场促进可再生能源消纳以及综合能源协同优化等问题。随着欧洲电力市场机制的不断完善，各能源互联网项目参与电力市场的模式也逐渐清晰。与美国相比，欧洲的虚拟电厂利用集中式发电容量大、可调性强的特点弥补分布式发电调节能力低、随机性强的特点，同时重点控制内部的大型温控负荷，对整个控制范围内的用能进行协同优化。不同区域的虚拟电厂存在不同的能源消纳和产出特征，单个虚拟电厂在参与能量市场的过程中容易受到自身条件的约束，而无法充分参与市场。而对于拥有多个虚拟电厂的大电网，则可以通过对不同区域的虚拟电厂形成大范围的综合能源协同优化，调动每个虚拟电厂充分参与市场。在德国的 E-Energy 项目中，不同项目中的虚拟电厂根据区域能源特征，采取了不同的内部电价机制和负荷智能管理措施，通过协同优化整个区域的多能需求，区域内部的各种分布式发电和需求侧灵活资源都间接地参与了能量市场。

另外，在德国的零售市场中，可以通过建设分布式电能交易平台促进可再生能源消纳。德国 Lumenaza 公司创建的 Regionah 平台通过对分布式可再生能源进行托管，代理分布式可再生能源与区域配电商进行结算，同时将电能销售给用户。当区域可再生能源发电不足以满足电力需求时，平台则从批发市场购买相应的差额电量。对于用户来说，平台就是一个电力零售商，参与 Regionah 平台不需要做任何硬件上的升级改变。用户支付的电费主要包括购买分布式发电的成本和差额电量的成本。该公司已在 Regionah、BiberEnergie、Jurenergie-Strom 等多个能源互联网项目中构建了类似的分布式电能交易平台。

四、丹麦

丹麦的自然资源比较贫乏，1973年前曾有超过90%的能源供给来自进口石油。受其能源结构单一的影响，丹麦政府决心以保障能源供应为目标开启第一次的能源转型。进入21世纪后，随着温室气体排放和气候变化等问题日益严峻，加上2005年之后北海油气田的减产，丹麦政府以实现低碳绿色发展为目标开启了第二次能源转型。为此丹麦政府颁布了一系列的政策和法律，主要包括以下几方面：(1)目标导向类：2020年底可再生能源占总能源消耗比例达到30%以上，风电占总发电50%以上。到2050年，丹麦完全摆脱对化石能源的依赖，实现100%可再生能源供应。在建筑领域，《丹麦建筑条例(BR)》规定到2020年，新建筑能耗相比2006年水平要减少75%。在交通领域，自2020年，丹麦所有的交通用汽油和柴油必须平均混掺10%的生物燃料。(2)财政激励类：自1979年开始，丹麦政府便通过补贴风机价格、固定风电上网电价等措施来支持风电发展。此外，还通过征收二氧化碳税和环境税等税收手段增加使用化石能源的成本。在工业领域，丹麦实施了绿色税收计划，对工业企业的节能项目进行补贴和支持。在建筑领域，丹麦通过征收建筑采暖燃料税、给予节能投资补贴、实施出租房屋节能一揽子计划等手段，降低建筑能耗。在交通领域，政府规定电动汽车免征购入税和车辆所有权年税，并推迟征收电动汽车登记税。(3)法律法规类：2004年，丹麦制定了“绿色电力证书”交易制度以替代长期使用的固定上网电价制度，要求电力生产商和供应商必须有一定比例的电量来自可再生能源，从而促进可再生能源发展。在建筑领域，根据《2012—2020年能源执政协议》要求，2013年以后新建建筑禁止使用石油和天然气采暖，区域供热区内的现有建筑自2016年起不得安装新的燃油锅炉。丹麦还按照能耗高低将建筑进行分类分级管理，能耗评级状况直接和房价挂钩。(4)技术开发类：在供热领域，1979 年丹麦通过了首部《供热法案》，随后数十亿丹麦克朗投资于发展热电联产(CHP)，建成了 8 个互相关联的 CHP 区域。除国家层面集成的电力燃气系统，丹麦还大力发展社区分布式综合能源系统，以充分发挥可再生能源在热力供应中的作用。

建设和发展具有综合能源特性的区域能源互联网技术成为丹麦实现能源转型最为重要的手段之一。为了消纳可再生能源，丹麦重点研究对不同能源系统进行整合，使其互补，研究先进的解决方案，充分开发各种能源资源。由于地处北欧，热电联产、热泵、电热等供热技术广泛使用，丹麦的电力、供暖和燃气系统紧密关联，且互动日益增强。

由于北欧的能源市场出现相对较早，丹麦的市场机制已较为成熟，也拥有丰富的区域能源互联网示范经验。iPower 作为丹麦智能电力领域最大的创新和研究战略平台，几乎涵盖了丹麦所有电力相关企业、高校和科研机构。针对负荷侧的灵活性交易平台(flexibility clearing house，FLECH)是其在 2011—2016 年的主要成果之一，这一平台主要用于解决丹麦在电力市场形势下各利益主体之间(输配电公司、灵活性聚合商等)因信息不对等而无法对灵活性进行合理发掘和优化利用的问题。作为信息交互和灵活性交易的载体，平台自身的功能主要包括市场清算、合同管理、服务结算等。灵活性的管理工具包括在供需两侧对灵活性的需求和供给能力的分别量化，以及对灵活性的控制和调度等技术模块。这一平台及相关工具被另一大型示范项目 Ecogrid2.0(2016—2019 年)拓展开发，并用于丹麦 Bornholm 岛基于灵活性市场的区域电力系统运行，其间有将近 2000 名电力用户通过两大聚合商参与灵活性市场为配电网和输电网解决阻塞管理、功率平衡等问题。

北港(Nordhavn)作为丹麦首都哥本哈根的老港口区被改造成一

个至少拥有 4 万居民的新型城市社区。由丹麦能源技术发展和示范基金会(EUDP)出资 1100 万欧元所支持的 Energylab Nordhavn 项目在北港地区示范以电热互联为主体的城市区域能源互联网工程。该工程沿用了 FLECH 的理念,并将其拓展到热力系统,使该区域内的热力公司也可参与受益。系统中灵活性来源包括大型热电联产设备、各类热泵、大型电力储能与热力储能设备、电动汽车、智能楼宇和为低温区域供暖系统提供二次升温的直接加热设备以及具有储能功能的电加热器等。在灵活性产品方面,该项目为区域内所涉猎的 4 个灵活性需求方设计了以电、热负荷联合调度为代表的 9 类综合智慧能源网络服务(smart network services, SNSs)产品,用于优化协调区域内部电网,热网,灵活性设备,传统电、热负荷,以及各相关利益主体之间的运作。

除了上述提及的示范项目,丹麦还进行了一系列以实现高比例清洁能源为目标的区域能源互联网示范工程。如在 Lolland 岛打造的世界第一座氢能村庄以风电电解水制氢,再利用小型基于燃料电池技术的热电联产设备为村中每户居民提供相应的能源需求。该系统同时可为广域电力系统提供功率平衡等服务。另外,丹麦 Samso 岛以电力输出和基于热泵的零碳区域供暖为主要技术手段,实现了高于其本地电力消耗 3 倍的风能和太阳能发电量的并网和消纳。

第三节　推动园区能源"两整合一改造"

新冠疫情短期内已对我国国民经济造成较大冲击,为促进疫后经济稳步恢复,需继续坚定实施结构性改革,推动资源合理配置和优化要素投入结构。因此,建议由国家能源局统筹实施园区能源"两整合一改造”专项行动(整合特许经营权、整合投资建设运营主体,实施综合智慧能源系统升级改造),不但有助于能源体制改革和治理能力提升,还可通过加大高效投资、“无悔”投资,补齐能源终端消费短板,确保经济疫后恢复和长远健康发展。

园区是经济活动的重要空间载体和对外开放窗口,在促进区域经济发展、产业结构调整、城市空间结构重塑等方面作用巨大。数字经济时代,全球80%以上的GDP和90%以上的创新都将来自园区。截至2018年底,我国有国家级经开区219家、高新区169家,这两类园区的经济贡献率就达四分之一。另有国家级新区19家,海关特殊监管区143家;边/跨境合作区19家;其他开发区23家;省级开发区2056个,各类市县级园区数以万计,经济总量占全国半壁江山。

一、现状堪忧

园区能源系统存在的突出问题:一是各自为战,各用户之间,电力、天然气、供热、制冷等用能需求孤立分散。二是能效偏低,不符合“温度对口、梯级利用”“多能互补、各尽其能”的现代能源统筹优化原则。三是浪费严重,供电、供气、供热等管廊独立建设、“拉链式”运维,隐性成本高。四是智能不足,大多没有运用“云大物移智”等手段,能源服务层次低,企业怨言多。

二、意义重大

专项行动旨在梳理园区用户对电、气、热、冷等多样化需求和自身、外部的各类能源供给,按照统一领导、创新驱动、提高效益的原则,统筹规划、集中投入、一体改造,实现园区能源系统升级换代、用能成本的明显降低和服务水平的显著提升,推动园区经济高质量发展。

（一）形成潜力巨大的有效投资

整合升级园区能源系统，激活“能源细胞”，不仅能拉动有效的直接投资，还能间接拉动公用配电网和天然气管网投资。初步估算，可拉动直接有效投资 5 万亿元以上。

（二）依托园区实现对全球供应链中龙头企业的“隐性”救济

园区是出口“巨头”之家。实施专项行动将有效降低企业用能成本，通过引导园区先期经营让利，不仅可以提升国际市场竞争力，也可以避免 WTO 反不正当竞争调查。

（三）推动能源革命纵深发展

实施专项行动，可推动园区内多规合一，充分挖掘园区内能源（太阳能、地热能、空气能、垃圾能、余热余压）自产能力，促进循环经济发展，使能源供应者成为能源生产者、污染治理者、生态保护者。

（四）为智慧城市发展奠定基础

能源新基础设施是数字化实施的基础，专项行动的实质是实现数字化与能源终端系统的融合发展。实施专项行动，有利于为智慧城市建设提供经验，实现数字经济从良好愿景到扎实落地。

三、有关建议

（一）加强集中统一领导

为打破部门壁垒，成立专项行动领导小组，明确国家能源局作为实施部门，将分散在其他部门的有关节能、能源合同管理、分布式能源、智能微网、需求侧管理等事权，整合到国家能源局。国家能源局代拟和出台集中协同、操作性强的实施方案和激励政策，指导地方开展相关工作。

（二）注重“两整合”实效

将园区供电行政许可权和供热、供气等特许经营权整合到一起（具备条件的园区可拓展到供水、环境治理、污水和垃圾处理等特许权），结合“放管服”，由管委会进行综合特许经营招标，授予单一市场主体，明确退出机制。鼓励能源、暖通设备以及互联网企业等联合组建专业化公司，竞争获取综合特许经营权，对园区能源系统改造升级并一体化投资建设运营。

（三）做好规划和标准衔接

将专项行动纳入国家能源发展规划，将园区能效和排放指标确定为约束性指标。抓紧制定园区能源系统评价标准，对能效、排放和资源综合循环利用进行综合评价，制定限期改造升级刚性要求，及时总结推广先进典型，对落后园区予以警告降级。

（四）对投资改造予以政策扶持

纳入专项行动的园区，改造方案经第三方评估通过的，在其系统改造方面予以财政、税收、政策性银行贷款等扶持，在外部气源、电力的建设保障方面协调油气和电网企业予以倾斜。

第九章　推动能源治理体系现代化

第一节　国内外能源管理体系改革情况分析

一、我国能源管理体制变革简要情况

我国自1949年以来，能源行政管理体制改革不断深化，能源管理部门分分合合多次。既有统管电力、煤炭、石油等多领域的燃料工业部、能源部，也有分散设置的电力部、煤炭部、石油部等；既有高规格的国家能源委，也有隶属于部委的司局级单位。具体变革情况详见表9-1。

表9-1　1949—2013年我国能源管理体制变革情况

年份	体制变革标志性事件	说明事项
1949	燃料工业部成立	陆续下设煤炭管理总局、石油管理总局、电力管理总局、水力发电工程局
1955	撤销燃料工业部，成立煤炭工业部、电力工业部、石油工业部	
1958	水利部与电力工业部合并，成立水利电力部	
1970	煤炭工业部、石油工业部和化学工业部合并，成立燃料化学工业部	

续 表

年份	体制变革标志性事项	说明事项
1975	撤销燃料化学工业部，成立煤炭工业部、石油化学工业部	
1978	撤销石油化学工业部，设立石油工业部、化学工业部	
1979	水利电力部撤销，分设水利部和电力工业部	
1980	国家能源委员会成立	负责统筹协调煤炭、电力、石油三个部门的工作
1982	国家能源委员会撤销，再次将水利部和电力工业部合并，设立水利电力部	
1988	能源部成立，撤销煤炭工业部、石油化学工业部、水利电力部和核工业部，重新恢复水利部	分别成立全国统配煤矿总公司、石油天然气总公司、石油化工总公司、海洋石油总公司、核工业总公司等
1993	能源部撤销，再次设立煤炭工业部，组建电力工业部	
1998	撤销煤炭工业部和电力工业部，职能交国家经贸委	设立由国家经贸委管理的国家煤炭工业局、国家石油化学工业局、电力司
2000	国家煤矿安全监察局成立	
2001	撤销国家煤炭工业局、国家石油化学工业局	由国家经贸委和计委等有关部门负责能源行业管理
2002	国家电力监管委员会成立	
2003	成立国家发改委，撤销国家经贸委	内设能源局，实施对煤炭、电力、石油天然气等行业的管理，行政级别属司局级
2005	国家能源领导小组成立	下设办公室，由国务院总理任组长
2008	国家能源局成立	下设煤炭司、石油天然气司、电力司、新能源和可再生能源司等，对能源行业实施管理；属委托国家发改委管理的国家局，行政级别属副部级
2010	国家能源委成立	定位为高层次议事协调机构，由国务院总理任组长，其专门办事机构仍为能源局
2013	国家电力监管委员会与国家能源局合并，成立新的国家能源局	在原有司局基础上，增设了市场监管司和电力安全监管司

二、我国能源管理体制变革的评述

新中国成立以来，我国能源管理体制经历了风风雨雨。从历史发展的角度看，管理能力实现了螺旋式上升，具体有以下几个特点。

（一）能源管理体制变革频繁，但能源管理机构的设立、合并与撤销，都是在当时复杂背景下的艰难和理性选择

一是经济和能源领域不断发生深刻变革。新中国成立之初国力羸弱、百废待兴，20 世纪 70 年代世界爆发石油危机，1993 年我国成为石油净进口国，20 世纪 90 年代中后期国际市场油价剧烈波动，20 世纪初开始国内煤炭市场供求失衡。二是改革开放以来国家行政体制不断调整。从 1982 年开始，每隔 5 年进行一场渐进策略的行政体制改革，到 2013 年，已经是第 7 次；从数量上看，1982 年改革初，国务院各部门共有 100 个，到 2015 年只有 25 个。

（二）基本改变了能源管理过于分散的局面，能源行政管理职能一定程度上得到集中

多年的思考中，体制内外的专家都看到了分能源品种设置部委的弊端，比如不利于形成统一的能源发展战略和政策法规，不利于综合研究能源结构优化问题，不利于能源产业联合、减少交易费用和提高效率，不利于能源下游产业发展，等等。因此，从 1998 年国家能源管理的职能就相对集中到了国家经贸委，2003 年起国家能源管理的职能则进一步相对集中到了国家发改委和国家能源局，当然还有许多仍然分散在有关部委中。

（三）面对能源安全和能源供应保障的压力，能源管理职能的专业性得到充分重视，权威性有进一步提升的势头

能源局由发改委内部的司局级单位逐步升格为国家管理局，之后

又与正部级的国家电监会合并重组，凸显了国家对能源管理职能的重视。2005 年成立国家能源领导小组，2010 年变身为国家能源委，尽管还仅仅是高层次议事协调机构，但对能源管理需要更加权威性的机构的认识更加深刻。

（四）开始对能源领域专业监管模式进行有益探索

借鉴发达国家经验，2003 年成立国家电监会，由此开始了中国建立现代能源监管体制的全新实践。尽管区域电力市场建设未能如期建成和顺利推进，导致电力监管缺乏合适的制度土壤，但专业监管的内涵、理念及其与行业管理的关系，在争辩中不断清晰化。2013 年“政监分离”模式调整为“政监合一、内部分离”模式，经过实践，两种模式的优缺点也有了一定程度的实证性分析依据。

三、国外能源管理体制的启示

我们比较研究美国、英国、俄罗斯、加拿大、澳大利亚、法国、德国、澳大利亚、日本等国家的能源管理体制实践，对于进一步深化改革我国能源管理体制有以下几点启示。

（一）面对世情国情变化，不断优化调整国家能源管理机构及其职能是普遍做法

20 世纪 70 年代石油危机后，美国成立了能源部，日本成立了通产省下的资源能源厅。英国伴随着能源的私有化浪潮，于 1992 年将成立 20 年之久的能源部撤销；面对能源安全和应对气候变化的压力，2008 年又成立了能源与气候变化部。能源是俄罗斯经济腾飞的基石和生命线，俄罗斯于 1991 年成立能源部之后，经历 1993 年的燃料动力部—2000 年的动力部—2004 年的工业和能源部，2008 年，组建了新的能源部，进一步完善了管理职能。

（二）能源管理职能比较集中，但交叉不可避免

无论是美国、俄罗斯等设有专门的能源部，还是法国在工业、能源与数字经济部之下，德国在经济与技术部之下设置专门的能源管理部门，将能源管理的各项职能相对集中起来，便于管理和协调，各国做法基本一致。但寄望将所有涉及能源的管理职能完全集中则很不现实。美国除了作为能源主管部门的能源部和能源监管部门的联邦能源监管委员会，仍然存在负责核能监管的核能监管委员会、负责节能减排的环境保护署、负责能源外交的国务院能源资源局，以及涉及油气输送的运输部。加拿大除了国家能源委员会对境内的石油、天然气和电力等能源的开发、运输、能源效率、新能源加以管理，由原矿产资源能源部与森林部合并组成的自然资源部下面也设有矿产与金属局、能源政策局和能源技术与计划局。

（三）设立专业化的独立的能源监管机构是市场经济国家的主流模式

在机构设置上，存在两种模式：一是“政监合一”，即监管职能与公共服务和政策引导职能都集中到某一部门，如日本经济产业省下设的资源能源厅、巴西的矿产能源部。二是“政监分离”，专设能源监管机构，如美国的能源监管委员会、英国的天然气与电力市场办公室、德国的网络传输管理局等。但总体上，设立专业化的独立的能源监管机构是市场经济国家的主流模式，具体见表 9-2。

表 9-2　代表性国家能源监管机构设置

国家	公共服务	政策引导	监管	资源管理
美国	能源部	能源部	联邦能源监管委员会、州公用事业委员会	内政部矿产管理局

续 表

国家	公共服务	政策引导	监管	资源管理
英国	能源与气候变化部	能源与气候变化部	天然气与电力市场办公室	能源与气候变化部
俄罗斯	能源部	能源部	能源部、反垄断局、价格局	自然资源部
加拿大	自然资源部	自然资源部	国家能源委员会	自然资源部
澳大利亚	资源、能源和旅游部	资源、能源和旅游部	能源市场委员会、能源监管机构	资源、能源和旅游部
法国	工业、能源与数字经济部、原子能委员会	工业、能源与数字经济部、原子能委员会	能源监管委员会、核安全管理局	
德国	联邦经济与技术部、联邦能源署	联邦经济与技术部、联邦能源署	网络传输管理局、国家竞争局等	联邦经济与技术部
日本	经济产业省资源能源厅	经济产业省资源能源厅	经济产业省资源能源厅	经济产业省资源能源厅
俄罗斯	能源部	能源部	联邦能源委员会、油气管道委员会	自然资源和环境部
巴西	矿产能源部	矿产能源部	矿产能源部	矿产能源部
沙特	—	石油矿产最高理事会	电力和热电监管局	石油矿产最高理事会

第二节　新时代完善能源治理体系的思路

我国是能源生产、消费、净进口和碳排放第一大国。应对百年未有之大变局，实现“双碳”目标，建成现代化强国，构建人类命运共同体，必须深入贯彻落实党的二十大精神，突破能源、环境和生态约束，确保能源安全、加快能源转型。但我国旧有的能源管理不能胜任新时代、适应新形势、承担新使命，迫切需要完善能源治理体系，提升能源治理能力。

一、新时代对能源治理提出更高要求

党的二十大报告在“推动绿色发展，促进人与自然和谐共生”中，对能源转型和能源治理提出了更高要求，凸显了协同推进降碳、减污、扩绿、增长的时代特色。

（一）要求更好衔接落实“双碳”目标

“双碳”目标是党中央统筹国内国际两个大局、经过深思熟虑作出的重大战略决策，事关中华民族永续发展和构建人类命运共同体，是第二个百年奋斗目标最重要的任务之一。我国碳排放总量的86.8%来自能源活动，抓住能源就抓住了落实“双碳”目标的牛鼻子。

（二）要求全面提升能源保供质量

能源保供不仅要在供给侧数量上保障、结构上优化，而且要在消费侧强化节能提效，控制不合理的消费，增强需求弹性；还要在空间上弥补资源禀赋与消费中心逆向分布缺陷，优先推动可再生能源就地就近开发利用；要在时间上弥补可再生能源靠天吃饭“天性”，提高可再生能源消纳和调控能力。

（三）要求持续强化能源科技创新

截至2021年依靠科技创新，我国风电、光伏发电成本下降了约40%和90%，风电、光伏、储能分别占据全球市场的50%、70%、60%，持续保持全球领先，必须强化国际创新合作，充分挖掘数字技术潜力，加速能源技术迭代，突破储能、氢能等技术壁垒和“卡脖子”环节，培育全球能源变革核心驱动力。

（四）要求扎实推进能源体制改革

能源革命的核心是以分布广、密度小的可再生能源替代化石能源，必须降低市场准入门槛，打一场“人民战争”；必须强化对电网、油气管网等自然垄断环节的监管，打通可再生能源高比例发展瓶颈；必须防止地方保护主义和市场分割，健全能源统一大市场；必须完善能源价格市场化发现机制，发挥市场配置资源的决定性作用；必须创新政策法规和市场设计，提高能源系统效率和韧性。

二、能源治理体系仍然存在缺陷

改革开放以来，我国能源治理体系根据工作重心变化持续优化调整。目前形成的国家发改委管总体及管规划、投资、价格、运行，国家能源局作为“委管局”管政策执行、抓行业监管的能源治理格局，总体支撑了行业平稳发展。新时代提出全面深化改革、全面依法治国新要求，需要有职能集中、规格匹配的能源管理部门牵头落实，但现行能源治理体系存在缺陷。

（一）能源法制建设严重滞后

“能源法”立法仍处于部门征求意见阶段；石油法、天然气法、原子能法和能源监管条例缺失；《电力法》《煤炭法》实施以来，实质性修订工作举步维艰。其核心问题是相关部门争揽无责之权，推卸无权之责。当前，能源法规难以出台、能源改革难以深化、能源管理难以加强，三者陷入一个互为因果、连环嵌套的怪圈，根源在于没有部门对能源发展改革负总责。

（二）能源管理职责混淆不清

能源管理权责交叉分散、叠床架屋，管理职能分散在 10 多个部门。有关部门按“三定”方案履行职责理所当然，但缺乏统筹协调，导致“合成谬误”。发改委和能源局都有司局负责能源战略、投资规划、运行协调等，平行配置行政资源，协调成本高、效率低。2021 年秋冬受“运动式”减碳思潮影响，出现煤炭短缺、拉闸限电等现象，似乎每个部门都没做错，但却造成严重不良后果。

（三）能源管理部门资源匮乏

美国能源部雇员1.6万人，下设24个国家实验室和技术中心，合约雇员10万人，2022年财政预算482亿美元。我国能源消费总量是美国的1.4倍。但国家能源局连同派出机构、事业单位编制900多人，人员和年度预算不足美国能源部的1%。在G20、金砖五国、“一带一路”等能源合作与对话中，我国没有对等的内阁部长作代表，统计信息依赖BP（英国石油公司）、IEA（国际能源署）等，与日益走向国际舞台中央的能源大国地位极不相称。

（四）能源管理部门难以作为

推进京津冀、粤港澳大湾区、黄河流域等区域协调发展，能源一体化是重中之重。副部级的能源局难以协调央地关系、省际利益。电力、油气行业垄断痼疾久攻不下，多项能源改革试点难以推动，根源在于弱政府、强企业。能源央企块头大，监管俘获现象时有发生。国家能源局没有直通国务院的渠道，办事束手束脚。

三、完善能源治理体系的思路

百年变局，逆全球化与全球化激烈碰撞，世界进入韧性时代，能源治理必须坚持市场配置资源的决定性作用，也需要更好发挥政府作用。

（一）坚持系统观念

落实十八届三中全会、十九届四中全会精神，构建决策权、执行权、监督权既相互制约又相互协调的行政运行机制，防止政出多门、政策效应相互抵消。国家发改委属于决策层或决策支撑层，应从繁杂的能源日常管理事务中解脱出来，集中精力研究和管好国家战略大事，把执行权完整交给能源管理部门，使其具有农业、工信、交通等部门同等地位。

(二)实施能源全过程管理

能源具有商品和公共品双重属性，能源监管涉及经济性和社会性两个维度。新能源时代，用户既是能源消费者，也是生产者和系统平衡单元，能源供需平衡必须更多地挖掘需求侧潜力，变“源随荷动”为“源荷互动”。因此，能源管理不能局限在能源行业内，如同生态环境部管理的不仅仅是环保行业、应急管理部管理的不仅仅是应急行业一样。应扭转能源管理部门只管供给不管消费的格局，实施能源全过程管理，指导工业、建筑、交通等重点领域能源生产和消费活动，强化能源普遍服务，支撑乡村振兴。

(三)强化能源科技创新职能

从荷兰到英国、从英国到美国，其竞争和更替有一条清晰的以能源为引导的主线，其底层逻辑都是能源科技革命的结果。能源科技具有基础性、进取性、引领性、带动性作用，这也是美国不设科技部、强化能源部科技创新职能的重要原因之一。我国错失了数次能源革命良机，但在新一轮能源变革中走在了世界前列。必须牢牢抓住历史机遇，强化能源创新国际合作，促进国内国际双循环，引领“一带一路”合作，提升全球治理话语权。

应对百年未有之大变局，实现中华民族伟大复兴，“饭碗必须牢牢端在自己手里”，“炉子必须稳稳生在自己家中”。推进“四个革命”，能源消费革命、供给革命和技术革命需假以时日，但体制革命属理念变则立竿见影、思想通则一通百通。当前，能源发展改革头绪千万条，完善治理体系、推进能源管理体制改革是第一条。唯此，才能纲举目张、事半功倍。